IBRASA

LIVROS QUE CONSTROEM

Biblioteca "DIDÁTICA" – 35

Psicomotricidade, Educação Física e Jogos Infantis

Dados de Catalogação na Publicação (CIP) Internacional
(Câmara Brasileira do Livro, SP, Brasil)

Mello, Alexandre Moraes de.
Psicomotricidade, educação física e jogos infantis / Alexandre Moraes de Mello ; edição orientada por Manoel José Gomes Tubino, Cláudio de Macedo Reis. -- São Paulo : IBRASA, 1989. -- (Biblioteca didática ; 35)

Originalmente apresentada como dissertação do autor (mestrado--Universidade Federal do Rio de Janeiro).
Bibliografia.

1. Capacidade motora em crianças (Psicomotricidade) 2. Educação física infantil 3. Jogos infantis - Aspectos psicológicos I. Tubino, Manoel José Gomes, 1939- II. Reis, Cláudio de Macedo, 1933- III. Título. IV. Série.

CDD-155.412
-613.7042
89-0447 -790.1922

Índices para catálogo sistemático:

1. Crianças : Capacidade motora : Psicologia infantil 155.412
2. Educação física infantil 613.7042
3. Jogos infantis : Recreação 790.1922
4. Psicomotricidade : Psicologia infantil 155.412

ALEXANDRE MORAES DE MELLO

Psicomotricidade, Educação Física e Jogos Infantis

Edição orientada pelos professores
MANOEL JOSÉ GOMES TUBINO
CLÁUDIO DE MACEDO REIS

7ª EDIÇÃO

IBRASA
INSTITUIÇÃO BRASILEIRA DE DIFUSÃO CULTURAL LTDA.
SÃO PAULO

Direitos desta
edição reservados à

IBRASA
Instituição Brasileira de Difusão Cultural Ltda.

Rua 13 de Maio, 446
Tel/Fax: (0xx11) 3284-8382
e-mail: ibrasa@ibrasa.com.br
home page: www.ibrasa.com.br

Programação visual de
Sônia Maria de Amorim
Capa de
Carlos Cézar

Impresso em 2009

Impresso no Brasil – Printed in Brazil

ALEXANDRE MORAES DE MELLO

Mestre em Educação Física pela Universidade Federal do Rio de Janeiro

Pós-graduado em Psicomotricidade pelo Instituto Brasileiro de Medicina de Reabilitação (RJ)

Professor licenciado em Educação Física pela Universidade de Brasília – UnB
Professor Assistente da Escola de Educação Física e Desportos da UFRJ

Professor do Colégio Pedro II (RJ)

Assessor Técnico do SESC – Administração Nacional (RJ)

1º Vice-Presidente da Sociedade Brasileira de Psicomotricidade – SBP capítulo Rio de Janeiro.

Dedico este trabalho a
Arthur e
Maria da Penha, meus pais,
em reconhecimento pelo
esforço para promoverem a
educação básica dos seus
filhos.

Sumário

Prefácio

Desde que foi introduzida a pós-graduação em Educação Física no Brasil, inúmeras dissertações foram defendidas e até publicadas, revelando significativa preocupação com o ensino desta área de conhecimentos para classes infantis. Entretanto, a maioria desses estudos e até experiências provocaram múltiplas questões que ainda permanecem sem as respostas adequadas. Por outro lado, as intersecções entre a psicomotricidade e os jogos infantis foram apenas superficialmente abordados quando inseridos no contexto de uma Educação Física comprometida com os preceitos legitimados de uma educação transformadora.

Na evolução do estudo, o Prof. Alexandre sustenta os posicionamentos assumidos numa aventura intelectual que partindo de elementos fundamentais da psicomotricidade (conceito, evolução, leis e campos de atuação), passando pela abordagem de uma Educação Física perspectivada na mudança, chega aos

Jogos Infantis, aprofundando suas bases teóricas através de atenções específicas no jogo, no jogo infantil e nos jogos populares brasileiros.

O trabalho do prof. Alexandre Moraes de Mello constitui-se naquilo que denominamos marco de uma Educação Física genuinamente brasileira, sem interferências de concepções externas, apenas levando em consideração uma verdade esquecida da nossa cultura regional e um conhecimento acumulado pouco esclarecido e discutido.

As ideias apresentadas nesta obra são produtos sociais reais que certamente facilitarão as lições de Educação Física infantil, por apresentarem-se num nível de percepção imediata quanto ao sentido da intenção do autor. Outro aspecto primordial do livro é justamente a sua visível possibilidade de despertar uma Consciência Social no leitor sobre os pontos tratados e debatidos nesta primeira parte da dissertação de mestrado do Prof. Alexandre.

Finalmente, é relevante ressaltar que o autor, após oferecer este excelente estudo, fica comprometido a apresentar a segunda parte da sua dissertação, num outro livro consequente.

Manoel José Gomes Tubino

Psicomotricidade, Educação Física e Jogos Infantis

Apresentação

Psicomotricidade, Educação Física e Jogos Infantis é resultado de uma investigação acurada na literatura dessas três áreas, acrescentado das informações advindas de uma pesquisa de campo sobre os jogos no Brasil.

Tem-se como proposta o encontro da Psicomotricidade com a Educação Física na prática dos jogos infantis, especialmente no que se refere àqueles classificados como tradicionais. Nesse aspecto, pretende-se também reforçar a valorização e a preservação de valores do Folclore Infantil, parte importante da cultura brasileira.

O trabalho é iniciado pelo capítulo sobre a Psicomotricidade, campo científico abrangente e de grande interesse recentemente no Brasil. O capítulo posterior trata da Educação Física, com ênfase numa proposta para atuação na área que inclui a atenção especial à sua integração aos conhecimentos da Psicomotricidade. Na última parte os jogos infantis são abordados, fechando-se com referências sobre os resultados da pesquisa sobre os jogos populares empreendida pelo autor.

Introdução

A Educação Física tem sido, nas últimas décadas, uma das áreas que mais se ocupou do desenvolvimento infantil. Entretanto, ao se voltar excessivamente para as características de ordem física, acabou perdendo outras dimensões importantes. A valorização do rendimento motor, especialmente visando resultados em competições, algumas delas entre crianças de pouca idade, abaixo mesmo dos 10 anos de idade, distorceu os objetivos de uma Educação Física integrada ao âmbito maior da Educação e da Saúde, cuja preocupação principal deveria ser, em última instância, a atenção às condições fundamentais necessárias a uma vida saudável.

Observando esta distorção, pesquisadores empenhados nos estudos da Educação Física têm, nos tempos mais recentes, rejeitado a visão equivocada sobre o assunto, questionando, portanto, a ênfase aos padrões de ordem física e mecânica. Surge, então, uma nova concepção, apoiada em propostas que almejam o desenvolvimento harmonioso da criança e que concebem o movimento de forma integrada aos aspectos afetivos e sociais.

Vista sob este ângulo, a Educação Física está extremamente associada à Psicomotricidade, ciência difundida nos tempos atuais, e que se ocupa do homem e de seu corpo em movimento nas relações ao nível interno e externo. Constata-se, mesmo, que alguns grandes nomes da Psicomotricidade são professores de Educação Física, como André Lapierre, Jean Le Boulch, Vitor da Fonseca e outros.

Na busca de uma atuação que engaje os conhecimentos alcançados pela Psicomotricidade e Educação Física, pode-se encontrar uma das mais importantes manifestações infantis: os jogos. Pelas características dos estímulos que propiciam, no âmbito psicomotor, afetivo e social, merecem justificada atenção. Especialmente os denominados jogos populares ou tradicionais, que são séries de exercícios harmônicos e motivadores, capazes de produzir estímulos adequados nas crianças que os praticam.

Em síntese, esta é a concepção que se deseja aprofundar nos capítulos a seguir.

I
PSICOMOTRICIDADE
Elementos Fundamentais

SÍNTESE DA EVOLUÇÃO HISTÓRICA

Ao dar início a um estudo sobre a Psicomotricidade, torna-se importante a exposição de alguns aspectos que permitam a elaboração de um referencial histórico sobre o assunto, sem, contudo, pretender-se um relato exaustivo.

A origem da Psicomotricidade remonta à Antiguidade e, nestes termos, confunde-se com a História da Educação Física. Morizot (1982), por ocasião do 1º Congresso Brasileiro de Psicomotricidade, realizado no Rio de Janeiro, ao abordar o que pode ser considerado um dos primeiros momentos da Psicomotricidade, faz referências à concepção de Aristóteles (384-322 a.C.) sobre o dualismo corpo-alma: "uma certa quantidade de matéria (seu corpo), moldada numa forma (sua alma)" (p. 54).

Um outro marco significativo, já mais próximo do nosso século, deu-se com Maine de Biran (1766-1824). Segundo Muniz (1979), com o trabalho de Biran "a ação assumia importância na consciência que o indivíduo tem de si e do mundo exterior, colocando o movimento como um componente essencial na estruturação psicológica do *eu*" (p. 11).

No decorrer do ano de 1900, Wernick emprega pela primeira vez o termo composto psicomotricidade e Dupré, em 1907, pesquisando as relações psíquicas e relações motoras, introduz o conceito de debilidade motora, identificada, conforme citação de Ajuriaguerra (1983), pelas seguintes características:

> *um estado patológico, congênito, do movimento, em geral hereditário e familiar, caracterizado pela exaltação dos reflexos tendinosos, perturbação do reflexo plantar, sincinesias, inépcia dos movimentos voluntários intencionais, que chegam à impossibilidade de realizar voluntariamente a resolução muscular. (p. 232)*

Posteriormente, inúmeros outros pesquisadores realizaram importantes estudos que se refletem até os momentos atuais no âmbito da Psicomotricidade. Foram significativos os trabalhos de Claparède, Montessori, Schilder, Gesell, Wallon, Piaget, Ajuriaguerra e outros autores, alguns de publicações mais recentes. Sinteticamente, destacar-se-ão nos parágrafos seguintes aspectos da obra de Gesell, dos estudos do desenvolvimento infantil de Wallon e de Piaget, e do importante trabalho de Ajuriaguerra.

Arnold Gesell, Gesell, com a ajuda de vários colaboradores, foi responsável, ao final da década de 30, pela elaboração de uma escala de desenvolvimento infantil, na qual relacionava: a) características motrizes, b) conduta adaptativa, c) linguagem, e d) conduta pessoal-social, a cada ano de idade completado pelas crianças observadas.

Gesell (1963) definiu por características motrizes "as reações posturais, a preensão, a locomoção, a coordenação geral do corpo e outras aptidões específicas." (p. 31).

A conduta adaptativa foi uma categoria empregada para incluir as adaptações de caráter perceptivo, manual, verbal e de orientação, que refletem a capacidade da criança em acomodar-se às novas experiências, baseadas nas anteriores. Inclui, segundo o autor, a inteligência e suas diversas formas de construção e utilização.

A linguagem foi concebida como conduta relacionada ao monólogo, à expressão dramática, à comunicação e outras formas de expressão.

A conduta pessoal-social refere-se às reações pessoais da criança frente a outras pessoas e diante de estímulos culturais, como também sua adaptação à vida doméstica, à noção de propriedade, aos grupos sociais e às convenções da comunidade.

As obras de Gesell, especialmente seus dois volumes, *The first five years of life* e *The child from five to ten*, colocaram à disposição dos profissionais da Educação, Psicologia, Medicina e outras áreas um referencial construído com base científica, que lhes permite uma melhor observação do desenvolvimento das crianças com as quais trabalham.

Henri Wallon. Wallon integrou ao lado de Piaget e de determinados psicanalistas seguidores de Freud a escola mais representativa da chamada Psicologia Genética. Identificou três tipos de movimentos, que denominou: a) passivo ou exógeno, executado sob a dependência de forças exteriores, das quais a mais importante é a gravidade, e que, segundo Fonseca (1983), compreende as reações de compensação e reequilíbrio que conduzem a criança da posição deitada à posição sentada e, posteriormente, à posição bípede, própria do ser humano; b) autógeno ou ativo, referente à locomoção e à preensão; e c) deslocamento de segmentos corporais ou das suas frações, um em relação aos outros, que se exteriorizam como atitude ou mímica.

Wallon dedicou especial atenção ao estudo da função tônica da musculatura e sua relação com a esfera emocional. Identificou um tipo de simbiose que denominou "afetiva" e que sucede à simbiose fisiológica primária entre a criança e a mãe, dando origem ao que chamou "diálogo tônico-emocional", onde sorrisos, sinais de contentamento, choro etc. são significativas expressões gestuais afetivas.

Fonseca (1983) interpreta a obra de Wallon como uma

dialética da personalidade total, que toma como base as contradições que sucessivamente vão sendo criadas e superadas. Essas contradições encontram-se entre o real e sua representação, a intuição e a abstração, o pensamento e a ação, a rigidez da linguagem e a fluidez dos dados sensíveis etc. Segundo o autor, é dessas contradições que, para Wallon, o pensamento é levado a novas estruturações e sistematizações.

Wallon estruturou uma sequência que denominou de "estádios do desenvolvimento", com base em seus enfoques relacionados à emoção e à socialização. Esses estádios, tanto no estudo de Wallon como nos de outros pesquisadores da Psicologia Genética, não seguem uma cronologia fixa, mas sim uma sucessão funcional. Resumidamente, e segundo Ajuriaguerra (1983), são os seguintes os estádios de Wallon:

a) Estádio impulsivo (zero a aproximadamente 3 meses). Período caracterizado pelas descargas ineficientes de energia muscular, espasmos e gestos desordenados.

b) Estádio emocional (aproximadamente de 3 a 9 meses). A emoção neste período transforma-se no meio de comunicação preponderante. O riso e o choro desempenham papéis importantes nessa comunicação. É o estádio da simbiose afetiva, onde são determinantes as manifestações de carinho.

c) Estádio sensitivo-motor (surge ao fim do primeiro ano, indo até, aproximadamente, os 3 anos). A criança orienta-se para os interesses objetivos e descobre verdadeiramente o mundo dos objetos. O surgimento da marcha e da linguagem alteram profundamente seu universo. Com o aparecimento da atividade simbólica, a criança atribui a um objeto uma representação imaginada. A imitação é frequente.

d) Estádio projetivo (Ajuriaguerra não indica a faixa etária aproximada e faz referência ao fato de que Wallon, em certas sínteses, não menciona este estádio). O conhecimento de objetos pela criança dá-se, ainda, apenas pela sua ação sobre eles. Ela sente necessidade de se projetar nas coisas para perceber a si mesma.

e) Estádio do personalismo (2 anos e meio em diante, até alcançar a adolescência). Começa, a criança, a tomar consciência de sua própria personalidade. Tomando consciência de si, necessita ser reconhecida pelo outro, e por vezes toma contato com situações em que sente vergonha e acanhamento. Participa de diferentes grupos nos quais pode assumir papéis diferentes. Nesta fase são fundamentais os intercâmbios sociais que, através do fortalecimento do espírito de equipe, de cooperação mútua e de solidariedade, definirão o interesse pelos outros e pela vida social no futuro.

f) Adolescência. A afetividade ocupará o primeiro plano. O acesso intelectual aos valores sociais e morais abstratos permitirá ao adolescente alcançar a maturidade do adulto.

Jean Piaget. Segundo Lipsitt e Reese (1980), com relação ao desenvolvimento, Piaget estava interessado na sucessão de estágios que precedem o pensamento lógico do adulto. Utilizou um grande número de termos da Biologia nos seus estudos sobre os processos de aprendizagem. Adquiriram fundamental importância os conceitos de organização e adaptação. Quanto à organização, Piaget a considerou, num determinado grau básico, necessária em qualquer ato vital. Com referência à adaptação, verificou que acontece acoplada à organização e possui duas funções: a assimilação e a acomodação. López (1974, p. 27) descreve a assimilação como a "necessidade de incorporar situações novas às antigas já presentes na mente", e a acomodação como "a transformação que a experiência existente tem que sofrer para que possa incorporar o assimilado".

Embora Piaget reconhecesse a necessidade de o professor planejar determinadas situações experimentais para estimular a criatividade dos seus alunos, opunha-se terminantemente à Educação denominada "facilitadora" ou "compensatória" da escola americana que, valorizando técnicas e estilos educacionais, preconizava ser possível ensinar qualquer coisa às crianças das mais diferentes faixas etárias. A esse propósito, segundo Lipsitt e Reese (1980), Piaget afirmou:

> *A cada momento que alguém ensina prematuramente a uma criança algo que a criança poderia descobrir por conta própria, essa criança está perdendo a oportunidade de exercer a sua criatividade e de compreender totalmente o que foi ensinado. (p. 83)*

Piaget (1983) estruturou os estágios de desenvolvimento em quatro períodos: a) sensório-motor; b) pré-operacional; c) operações concretas; e d) operações formais.

O estágio sensório-motor vai do nascimento até 1 ano e 6 meses a 2 anos de idade. Esse primeiro período foi desdobrado por Piaget em seis subestágios descritos por López (1974): a) uso dos reflexos (0 a 1 mês) – a criança possui somente a ação reflexa presente ao nascer; b) reações circulares primárias (1 a 4 meses) – os reflexos do subestágio anterior relacionam-se entre si e se enriquecem por meio da assimilação de novas experiências; c) reações circulares secundárias (4 a 8 meses) – início do interesse pelos objetos externos; esboça-se o surgimento da intencionalidade; d) coordenação de esquemas secundários e sua aplicação a novas situações (8 a 12 meses) – a intencionalidade torna-se manifesta e a ação passa a se orientar para determinados objetivos; e) reações circulares terciárias e descoberta de novos significados através da experimentação ativa (12 a 18 meses) – neste quinto subestágio a criança experimenta por interesse próprio; e f) invenção de novos meios através das combinações mentais (18 meses em diante até ingressar no estágio pré-operacional) – mediante o trabalho mental, a criança cria novas fórmulas para solucionar determinados problemas. Surge a representação simbólica, que se fortalecerá no estágio pré-operacional.

O período pré-operacional vai, aproximadamente, de 2 a 7 anos de idade. Até os 4 anos, segundo Lipsitt e Reese (1980), dá-se o desenvolvimento do pensamento simbólico e preconceitual, mas séries de ações ou eventos ainda não podem ser reproduzidas. De 4 a 7 anos, evidencia-se o pensamento intuitivo com articulação progressiva. No período pré-operacional os objetos são constantemente tratados simbolicamente. Por exemplo, um bloco de madeira é tratado como trem, uma caixa de fósforos como carro etc. O desenvolvimento progressivo da linguagem amplia sua possibilidade de comunicação, mas é marcante o egocentrismo intelectual, a centração e a irreversibilidade do pensamento.

O terceiro período, denominado de operações concretas, vai de aproximadamente 7 a 11 anos de idade. Dá-se o predomínio dos jogos de regras. O egocentrismo e a centração deixam de existir e torna-se possível a reversibilidade do pensamento. Há uma crescente autonomia da criança em suas ações. Neste período ela forma séries e reproduz sequências de eventos.

No último período, das operações formais, dá-se o domínio do conceito de probabilidade, as regras são empregadas na solução de problemas, torna-se possível a formulação de hipóteses e ocorrem a reflexão e o pensamento crítico.

Ajuriaguerra. O trabalho de Ajuriaguerra é um marco fundamental no desenvolvimento da Psicomotricidade. Sob o título de *Manuel de Psychiatrie de l'Enfant*, ele elaborou, na década de 50, uma obra que, a princípio, destinava-se a embasar teoricamente um curso dirigido aos estudantes de Medicina e aos colaboradores da cadeira de Psiquiatria e do Serviço Médico-Pedagógico de Genebra. Contou com a colaboração de diversos pesquisadores, entre eles J. Burgermeister, Catherine Fot, Nadine Galifret-Granjon, G. Garrone e outros.

Dos inúmeros temas abordados por Ajuriaguerra na citada obra, pode-se destacar: o desenvolvimento infantil segundo a Psicologia Genética; a vida social da criança e do adolescente; os problemas gerais do desenvolvimento; os problemas gerais da desorganização psicobiológica da criança; a organização psicomotora e seus distúrbios; a organização e desorganização da linguagem na criança; a evolução e os distúrbios do conhecimento corporal e da consciência do "eu"; as grandes síndromes: psicoses infantis, organizações neurológicas infantis, doenças psicossomáticas etc.

Passadas três décadas desde o lançamento da primeira edição do seu Manual de Psiquiatria Infantil, Ajuriaguerra, que escreveu outros importantes estudos, continua sendo um dos autores mais citados nos trabalhos relacionados ao desenvolvimento infantil.

Outros pesquisadores. Muitos são os estudiosos voltados para a Psicomotricidade que nas duas últimas décadas tiveram seus trabalhos divulgados. Destacam-se Jean Le Boulch, Germaine Rossel, Dalila Molina de Costallat, Simone Ramain, André Lapierre, Bernard Aucouturier, Aleksandr Luria, P. Vayer, J. Bèrges, G. Lagrange, J. Legido, Jean-Claude Coste, S. Lebovici,

R. Diatkine, Françoise Désobeau, J. Guillarme e Vitor da Fonseca, além de outros.

Um estudo aprofundado sobre esses autores poderia ser tema de uma pesquisa específica, dada a abrangência de suas investigações. No decorrer do presente capítulo, de acordo com as necessidades do encaminhamento do texto, são abordados aspectos relevantes dos trabalhos de alguns dos pesquisadores citados, sem contudo pretender-se realizar uma análise de suas produções teórico-práticas.

CONCEITO ATUAL DE PSICOMOTRICIDADE

Elevada atualmente ao nível de ciência, a Psicomotricidade possui crescente importância nos trabalhos que se relacionam com o desenvolvimento infantil, tanto na fase pré-escolar, como posteriormente.

Por tratar da relação entre o homem, seu corpo e o meio físico e sociocultural no qual convive, a Psicomotricidade é fundamentada e estudada por um amplo conjunto de campos científicos, onde se pode destacar a Neurofisiologia, a Psiquiatria, a Psicologia e a Educação, imprimindo cada uma dessas áreas enfoques que lhes são específicos.

Embora a origem da Psicomotricidade esteja vinculada ao campo da Medicina, a partir de inúmeros estudos neste século, surgiu uma concepção cientificamente respaldada, pela qual o movimento não pode ser tratado sob um prisma puramente anatômico e mecanicista. Embora de fundamental importância no diagnóstico de inúmeras perturbações das funções nervosas, os mecanismos dos sistemas piramidal, extrapiramidal e cerebelar não são suficientes para responder pela completa execução de movimentos e por vários distúrbios psicomotores. A esse respeito, Ajuriaguerra (1983) tomou o seguinte posicionamento:

> *O ato motor não pode ser concebido como o funcionamento de sistemas neurológicos justapostos. (...) Só podemos compreender a ação quando consideramos o ponto inicial, o desenvolvimento e a finalidade que esta ação pretende alcançar. (p. 207)*

Em estudos mais recentes, Fonseca (1976) ressaltou a necessidade de se abordar o significado do movimento como comportamento, numa relação consciente e inteligível entre a ação do indivíduo e a situação circunstancial, evitando-se observações restritas ao trabalho de ossos, articulações e músculos, como se o corpo fosse uma máquina posta em movimento por um psiquismo que habita o cérebro.

Uma criança vista como participante de um conhecido jogo como a "amarelinha", por exemplo, está vivenciando estímulos motores, seu raciocínio lógico está sendo solicitado e está experimentando ao mesmo tempo uma relação com as demais crianças que, portanto, possui implicações emocionais e sociais.

Os componentes de ordem cognitiva, afetiva e social acompanham o ato motor, e é diante de um quadro com essas dimensões que a Psicomotricidade deve atuar. Surgem daí alguns conceitos para essa nova ciência.

Ajuriaguerra, segundo Loureiro (1983), definiu a Psicomotricidade como "a realização do pensamento através do ato motor preciso, econômico e harmonioso" (p. 1).

Reunidos em 1982, no 1º Congresso Brasileiro de Terapia Psicomotora, especialistas do Brasil propuseram uma definição que viabilizasse o entendimento comum do termo Psicomotricidade, especialmente no âmbito da Sociedade Brasileira de Terapia Psicomotora*, associação que congrega grande número de estudiosos do assunto:

> *Psicomotricidade é uma ciência que tem por objetivo o estudo do homem, através do seu corpo em movimento, nas relações com seu mundo interno e externo. (p. 5).*

Esta definição é extremamente abrangente e clara, o que a torna aplicável aos inúmeros estudos.

---

* A partir de 1987, a Sociedade Brasileira de Terapia Psicomotora passou a denominar-se Sociedade Brasileira de Psicomotricidade.

LEIS RELACIONADAS COM A EVOLUÇÃO PSICOMOTORA

Alguns princípios básicos regem o desenvolvimento psicomotor. Slipoi (1982), Guillarme (1983) e Loureiro (comunicação pessoal, 1984) indicam duas importantes leis gerais que fundamentam uma ordem de sucessão no aparecimento de novas funções: a) lei do desenvolvimento céfalo-caudal; e b) lei do desenvolvimento próximo-distal.

A primeira permite observar e prever a evolução psicomotora na criança, da cabeça para as partes inferiores do corpo. Já a lei do desenvolvimento próximo-distal responde pela sequência evolutiva direcionada do eixo do corpo para as extremidades dos membros, e dos grandes conjuntos para as menores unidades.

Assim, enquanto os músculos de equilibração da cabeça já respondem por essa ação entre o terceiro e o quinto mês de idade, a preensão das mãos é o elemento psicomotor de maturação mais complexo.

Guillarme (1983) aponta outras importantes leis gerais da evolução psicomotora, que considera fundamentais para a adequada elaboração de um projeto de trabalho, seja por educadores ou outros especialistas. São as seguintes:

a) Lei da diferenciação. Evidencia-se quando, a partir dos movimentos generalizados do recém-nascido, segue-se uma diferenciação contínua, de forma mais localizada e fina, seguindo um nível mais complexo de desenvolvimento;

b) Lei da variabilidade. Responde por progressões rápidas, estagnações e, segundo o autor, até mesmo regressões, que precedem grandes mudanças no conjunto.

c) Fases de desenvolvimento. Partindo das duas leis anteriores, Guillarme (1983) descreve um conjunto de três fases presentes à evolução dos movimentos:

c_1) Fase de inovação. Caracterizada pelo momento em que a criança experimenta suas possibilidades relacionadas com determinado movimento.

c_2) Fase de integração. Constituída por movimentos mais precisos, sob um comando nervoso mais apurado, quando a criança passa a integrar informações que vão possibilitar um desempenho mais complexo.

c_3) Fase do equilíbrio. Determinada pelos períodos de repouso, seguidos de novas aquisições e progressos. Esses progressos, entretanto, não se sobrepõem como camadas sedimentadas às aquisições anteriores, mas integram-se a elas. O desenvolvimento de um indivíduo não ocorre como uma superposição de aquisições, e, sim, num processo contínuo de transformações e de reorganização psicomotora.

As leis e fases abordadas são de grande importância para os profissionais que trabalham com crianças e que necessitam de um referencial teórico para o seu planejamento, sua execução e suas observações avaliativas.

CAMPOS DE ATUAÇÃO: REEDUCAÇÃO, TERAPIA E EDUCAÇÃO

Nos estudos dos pesquisadores recentes, são apontados três principais campos de atuação ou formas de abordagem da Psicomotricidade: 1. Reeducação Psicomotora; 2. Terapia Psicomotora; e 3. Educação Psicomotora. Embora em certos trabalhos esses três níveis de atuação cheguem a confundir-se, existem características próprias em cada um deles, que serão abordadas a seguir.

1. *Reeducação Psicomotora*. Ocupa-se do atendimento individual ou em pequenos grupos, de crianças, adolescentes e adultos, portadores de sintomas de ordem psicomotora, como por exemplo: debilidade motora; atraso e instabilidade psicomotora; dispraxias; distúrbios do tônus da postura, do equilíbrio e da coordenação; e deficiências perceptivo-motoras. Barreto (1982) destaca o fato de que inúmeras vezes os distúrbios psicomotores não se apresentam sozinhos, mas num contexto global, onde problemas de nível mental, problemas psiquiátricos e neurológicos, podem estar presentes. Num mesmo enfoque, Morizot (1979) destaca que, geralmente, determinados sintomas desencadeiam outros distúrbios secundários, caracterizados como relacionais e afetivos.

Após a realização de um exame psicomotor e, quando possível, analisados os resultados dos exames clínico, psicológico, neurológico etc., o reeducador procurará trabalhar sobre o sintoma que foi diagnosticado. Poderá, então, optar por um trabalho diretivo, onde traça e orienta as atividades de cada sessão, podendo fazer uso de técnicas de condicionamento, ou adotar a não-diretividade, deixando que a criança tome decisões quanto ao encaminhamento das ações. Segundo Barreto (1982), nessa última linha, o reeducador deixará à disposição da criança um amplo conjunto de materiais e ela decidirá o que fazer, podendo ou não abordar o sintoma de forma mais direta e imediata junto ao profissional.

No trabalho não-diretivo, e onde os distúrbios relacionais e afetivos se sobressaem, a reeducação psicomotora confunde-se por vezes com a própria Terapia Psicomotora. Na Reeducação Psicomotora, como na Terapia e mesmo na Educação Psicomotora, é muito importante a relação entre o profissional (reeducador) e a pessoa tratada. Coste (1981), a esse respeito, afirma que "o aspecto relacional e afetivo da relação terapêutica pode ser o elemento determinante da dinâmica da cura" (p. 76).

Certas atuações em Reeducação Psicomotora, que, inclusive, podem fazer uso de bolas, aros, colchões etc., são idênticas à Educação Psicomotora. Contudo, segundo Guillarme (1983), uma das principais diferenças está no projeto de trabalho, que na Reeducação é constituído passo-a-passo, em função da evolução gradativamente alcançada na busca da alta.

2. *Terapia Psicomotora*. Lapierre e Aucouturier (1980) indicam a Terapia Psicomotora especialmente às crianças com grandes perturbações e cuja adaptação é de ordem patológica. Por isso, considera necessária ao terapeuta uma vasta formação prática, técnica e teórica que lhe permita interpretar atitudes corporais, reações tônicas-afetivas e emocionais.

Embora o trabalho com crianças seja mais frequente, a Terapia Psicomotora pode atender também a adolescentes e adultos, individualmente ou em pequenos grupos.

Na terapia, é de fundamental importância o vivido corporal (as experiências vivenciadas) com relação à realidade e à fantasia, com a respectiva carga afetiva, emocional, sensual, sexual etc. Aspectos desse vivido corporal são passados durante a Terapia Psicomotora, através da relação da criança com seu próprio corpo, com o terapeuta e com outras pessoas que a cercam. Ao terapeuta cabe entender o que está sendo expressado e responder, às vezes através do seu corpo, num plano também simbólico.

Désobeau (1982, p. 44) ressalta a importância do brincar em Terapia Psicomotora. Valorizando tal tipo de atividade, ela assim se posiciona: "O brincar é certamente o modo de expressão e de comunicação privilegiado da criança". No brincar, no jogar, Désobeau vê elementos de exploração, expressão e prazer. Neste caso, o terapeuta deve engajar-se no brincar da criança, através do diálogo corporal e de uma vivência emocional e afetiva.

3. *Educação Psicomotora.* Dirigida às crianças consideradas "normais", atua como parte integrante da educação básica durante a fase pré-escolar e escolar.

Inúmeros autores interessam-se pela corrente educativa da Psicomotricidade. Destacam-se entre eles o professor Jean Le Boulch, que na segunda metade da década de 60, buscando o reconhecimento dos valores da educação psicomotora, influenciou na decisão ministerial de incluí-la nos cursos primários da França.

Outros pesquisadores realizaram estudos na área de Educação Psicomotora, entre eles André Lapierre, Bernard Aucouturier, Pierre Vayer, Georges Lagrange, Dalila M. Costallat, J. Guillarme, Germaine Rossel e Jean-Claude Coste. Seus trabalhos, às vezes tratando simultaneamente de Reeducação e/ou Terapia Psicomotora, permitem aos educadores se aprofundar nos fundamentos teóricos da Educação Psicomotora e estruturar seus planos de atuação com maior segurança.

Uma definição de Educação Psicomotora que parece resguardar as diferentes características abordadas pelos referidos autores foi citada por Morizot (1979):

> *Uma atividade através do movimento, visando um desenvolvimento de capacidades básicas – sensoriais, perceptivas e motoras –, propiciando uma organização adequada de atitudes adaptativas, atuando como agente profilático de distúrbios da aprendizagem. (p. 16)*

Le Boulch (1982, 1983a, 1983b), em suas obras sobre a Educação Psicomotora, procura diferenciá-la da Educação Física tradicional, opondo-se terminantemente a um trabalho mecanicista e, principalmente, à formação esportiva precoce, no que vê a possibilidade de gerar desequilíbrios na formação da personalidade. Preocupado com esses problemas, chega mesmo a afirmar: "A corrente educativa da Psicomotricidade tem nascido das insuficiências na Educação Física que não teve condições de corresponder às necessidades de uma educação real do corpo" (1982a, p. 23).

Esse aspecto levantado por Le Boulch, ele próprio um professor de Educação Física, tem-se modificado nesses últimos anos. Muitos são os professores que buscam um aprofundamento no estudo da Psicomotricidade, tentando suprir uma deficiência do seu curso de formação e procurando a melhoria qualitativa do seu trabalho, especialmente no que se refere ao atendimento de crianças em idade pré-escolar e do primeiro segmento do 1º grau.

A Educação Psicomotora vem sendo enfatizada em várias instituições escolares e em outras que fazem trabalhos relacionados à recreação infantil. Através de uma série de atividades, principalmente exercícios e jogos, procura promover o completo desenvolvimento físico, mental, afetivo e social, evitando, segundo Lapierre e Aucouturier (1980), as desviações demasiado neuróticas da personalidade.

Ao profissional que atua no campo da Educação Psicomotora cabe, a partir de uma busca constante do conhecimento das necessidades e interesses das crianças, propor-lhes experiências que produzam a adequada estimulação e que venham ampliar o vivido corporal, que é o responsável pelos inúmeros esquemas que serão transferidos às situações vivenciadas no futuro. Deve-se acrescentar que a falta de adequada estimulação no decorrer da infância pode produzir inúmeras perturbações psicomotoras.

Qualquer que seja a experiência proposta e o método adotado, o educador deverá levar em consideração as funções psicomotoras (coordenações globais, lateralidade, equilíbrio etc.) que pretende reforçar nas crianças com as quais está trabalhando. Mesmo levando em conta que, em qualquer exercício ou atividade proposta, uma função psicomotora sempre encontra-se associada a outras, ele deverá estar consciente do que, exatamente, está almejando.

Portanto, torna-se importante abordar na conclusão deste capítulo as funções psicomotoras mais citadas pelos estudiosos da Psicomotricidade.

Funções psicomotoras. Os estudiosos da Psicomotricidade não empregam uma classificação única e tampouco fazem uso de uma terminologia comum para as diversas funções psicomotoras. Le Boulch (1983a), por exemplo, cita as seguintes funções: estruturação do esquema corporal, coordenação dinâmica geral, motricidade gráfica, lateralidade, relação corpo-tempo e percepção temporal, e tono muscular. Fonseca (1983) faz referências à noção do corpo ou somatognosia, equilibração, coordenação dinâmico-manual, lateralidade, controle da respiração, estruturação espaço-temporal, ritmo, dissociação e tonicidade. Coste (1981) aborda o esquema corporal, coordenação, motricidade fina, preensão e coordenação óculo-manual, lateralidade, e estruturação espaço-temporal.

Verifica-se, entretanto, que as diferentes classificações e terminologias aplicadas não denotam diferenças sensíveis entre as concepções dos autores. O que geralmente acontece é que cada autor ressalta certas funções psicomotoras sob determinados aspectos, e tratam as demais agrupadas a essas primeiras.

A partir de uma revisão da literatura na área de Psicomotricidade, foi possível chegar a uma classificação de dez funções psicomotoras, sendo a última desdobrada segundo duas ou três diferentes características: 1) esquema corporal; 2) tônus da postura; 3) dissociação de movimentos; 4) coordenações globais; 5) motricidade fina; 6) organização espacial e temporal; 7) ritmo; 8) lateralidade; 9) equilíbrio; e 10) relaxamento, 10.1) total, 10.2) diferencial e 10.3) segmentar. Procurando delimitar para efeito deste estudo a abrangência das funções descritas, seguem suas definições:

1. *Esquema corporal.* Segundo Le Boulch (1983a, p. 37), é "uma intuição de conjunto ou um conhecimento imediato que temos de nosso corpo em posição estática ou em movimento, na relação das suas diferentes partes entre si e sobretudo nas relações com o espaço e os objetos que nos circundam". Com-

preende, neste caso, a imagem e o conceito do corpo e suas partes.

2. Tônus da postura. É uma "tensão dos músculos, pela qual as posições relativas das diversas partes do corpo são corretamente mantidas e que se opõe às modificações passivas dessas posições". (Rademaker, citado por Coste, 1981, p. 25) É uma atividade, segundo Le Boulch (1982), primitiva e permanente do músculo.

3. Dissociação de movimentos. É a "capacidade de individualizar os segmentos corporais que tomam parte na execução de um gesto intencional" (Fonseca, 1976, p. 183).

4. Coordenações globais (motricidade ampla). Com base em Costallat (1983), é definida como a colocação em ação simultânea de grupos musculares diferentes, com vistas à execução de movimentos amplos e voluntários mais ou menos complexos, envolvendo principalmente o trabalho de membros inferiores, superiores e do tronco.

5. Motricidade fina. É o trabalho de forma ordenada dos pequenos músculos. Englobam principalmente a atividade manual e digital, ocular, labial e lingual.

6. Organização espacial e temporal. Organização espacial é a capacidade de orientar-se diante de um espaço físico e de perceber a relação de proximidade de coisas entre si. Refere-se às relações de perto, longe, em cima, embaixo, dentro, fora etc. A organização temporal corresponde à capacidade de relacionar ações a uma determinada dimensão de tempo, onde sucessões de acontecimentos e de intervalo de tempo são fundamentais. Tratando do movimento, a Psicomotricidade solicita a associação de espaço e tempo conjuntamente, no desencadeamento de ações num determinado espaço físico e numa sequência temporal, embora alguns autores as estudem como duas funções isoladas.

7. Ritmo. Segundo Meinel e Schabel (1984, p. 73), tratando-se de movimento, o ritmo é a "ordenação específica, característica e temporal de um ato motor". Complementando, afirmam que esta ordenação temporal refere-se a processos parciais interligados no ato motor. Há uma estreita ligação entre ritmo e organização espacial e temporal.

8. Lateralidade. Baseado em Coste (1981) e Sabóia (comunicação pessoal, 1984), é a capacidade de se vivenciar as noções de direita e esquerda sobre o mundo exterior, independentemente da sua própria situação física. Difere, portanto, do conceito de dominância lateral, que significa o predomínio ocular, auditivo e sensório-motor de um dos membros superiores ou inferiores, que deve ocorrer em todas as pessoas, e é determinada, segundo Fonseca (1983), por uma carga inata e por influências de ordem social.

9. Equilíbrio. Com base nas definições de Tubino (1979) e Mainel e Schabel (1984), é a capacidade de manter-se sobre uma base reduzida de sustentação do corpo, através de uma combinação adequada de ações musculares e sob influência de forças externas.

10. Relaxamento (10.1) total, (10.2) diferencial e (10.3) segmentar. Segundo Tubino (1979), relaxamento é o fenômeno neuromuscular resultante de uma redução de tensão da musculatura esquelética. O estado de relaxamento total envolve todo o corpo e está diretamente vinculado a processos psicológicos, onde o trabalho mental é determinante no alcance da redução da tensão muscular. O relaxamento diferencial responde pela descontração de grupos musculares que não são necessários à execução de determinado ato motor específico. Alguns autores classificam ainda um terceiro tipo de relaxamento, denominado segmentar. Esse designa o relaxamento alcançado em partes do corpo.

Retornando-se ao fato de que, na maioria dos movimentos, várias funções psicomotoras apresentam-se conjuntamente, é importante acrescentar que, num grande número de ações, as coordenações globais e a motricidade fina manifestam-se de forma associada. Outras vezes, há a solicitação simultânea da percepção visual e de parte do corpo ou do seu todo. Neste caso, destaca-se a coordenação óculo-manual, importante para a aprendizagem da escrita.

Durante a prática dos jogos infantis, especialmente aqueles organizados com um bom nível de criatividade por parte dos professores e os denominados jogos populares infantis, pode ser produzida, de forma adequada, a estimulação às inúmeras funções psicomotoras e às qualidades físicas.

Os estudos realizados sobre os jogos e abordagem sobre sua importância no plano do desenvolvimento infantil fazem parte do conteúdo do terceiro capítulo.

II
Educação Física Numa Perspectiva Transformadora

UMA NOVA CONCEPÇÃO

A Educação Física Escolar, como parte de um sistema maior de Educação, está sujeita às influências de diferentes conotações que atuam nos seus diversos níveis. Assim, medidas que fazem fluir esse sistema de forma adequada podem atingir a Educação Física Escolar, mas, da mesma forma, ela está sujeita aos problemas de diferentes dimensões.

Entre as diversas críticas ao atual sistema educacional, têm-se ressaltado: o baixo percentual orçamentário destinado à Educação; a inoperância de certos setores administrativos; as defasagens curriculares nos cursos de formação face ao contexto sociocultural onde atuarão os futuros profissionais; a baixa remuneração dos professores e suas implicações, e a incapacidade de atender adequadamente à crescente demanda criada pelo número de crianças que atingem a idade escolar, o que gera a superlotação das salas de aula.

No caso da Educação Física, soma-se a essas deficiências uma série de problemas específicos. Numa crítica à ideologia de reprodução, a serviço da qual grande número de escolas parecem estar engajadas, Costa Ferreira (1984) contesta um conjunto de aspectos que têm permeado as ações da Educação Física: "desempenho máximo, vitória a qualquer preço, glória, vantagens de ser campeão, submissão do homem, disciplina autoritária e possibilidade, no mais das vezes ilusória, de ascensão social" (p. 21).

Muitos desses aspectos estão associados às atividades que ocorrem paralelamente à Educação Física Escolar, e que fazem parte do sistema mais amplo de Educação Física, onde, além de outros itens, incluem-se: a) as competições e os treinamentos nas diversas modalidades desportivas, com as respectivas confederações, federações, clubes, técnicos, atletas etc., b) os programas governamentais e de órgãos que visam a massificação das modalidades desportivas; e c) as atividades desportivas promocionais patrocinadas, principalmente, por grandes empresas responsáveis pela produção de artigos esportivos, outros materiais que procuram associar à prática desportiva e pela prestação de serviços de natureza diversa.

Nessa área dos desportos, que alguns autores[1] separam da Educação Física, têm-se verificado os problemas mais graves, que por sua vez atingem a Educação Física Escolar. Observam-se cenas de violência entre atletas, a supervalorização dos resultados, o rendimento como expressão máxima de valores, as competições e os treinamentos de crianças em idade precoce, a participação de atletas em equipes exclusivamente pelas vantagens financeiras, órgãos governamentais utilizando-se dos desportos para auferirem prestígio político, empresas fazendo uso dos desportos na busca de maiores lucros etc.

---

1. O próprio Ministério da Educação adota a denominação "Educação Física e Desportos".

Ao analisar os desportos, Sérgio[2] (1976) faz uma abordagem crítica da sociedade do rendimento, que ansiosamente busca o *ter* e o *poder* através da exploração das modalidades desportivas. Opõe-se o autor a qualquer forma de manipulação da Educação Física, principalmente quando é dirigida para manter o *status quo* de opressão e exploração da grande maioria populacional.

Influenciados pelos meios de comunicação de massas, que contam hoje com um elevado avanço tecnológico, os profissionais que não alcançaram determinado nível de visão crítica do contexto sociocultural recebem mensagens consumistas transmitidas pela televisão, rádio, revistas e jornais, as quais são muitas vezes incorporadas ou reproduzidas no âmbito da Educação Física Escolar. Por outro lado, há no meio escolar um clima favorável a essa reprodução, já que os diretores de escolas, outros professores e até mesmo as crianças estão sujeitos às mesmas mensagens.

Entretanto, cabe à Educação Física buscar um papel renovador, transformador, de mudanças do quadro atual. Nessa perspectiva, Medina (1983) propõe sua concepção de Educação Física Revolucionária, definida como:

> *A arte e a ciência do movimento humano que, através de atividades específicas, auxiliam o desenvolvimento integral dos seres humanos, renovando-os e transformando-os no sentido de sua autorrealização e em conformidade com a própria realização de uma sociedade mais justa e livre. (p. 81)*

O autor complementa, afirmando que os trabalhos de Educação Física não devem ser isolados do contexto histórico e cultural, em suas implicações sociais, políticas e econômicas.

O surgimento de importantes estudos que tratam da necessidade de uma atuação consciente, crítica, que tome o edu-

---

2. Manuel Sérgio da Cunha Vieira, português de nascimento, é atualmente um dos maiores pensadores da Educação Física e autor de significativa obra literária. Em seus trabalhos ele assina apenas Manuel Sérgio.

cando como um ser no seu todo – com características psicomotoras, afetivas e sociais próprias e que se interligam –, têm contribuído para a veiculação de um novo pensar que repercute ao nível prático na Educação Física Escolar e na Educação Física de forma geral.

A Educação Física dos dias de hoje deve ser caracterizada pela busca constante de uma prática transformadora, que se integre nos avanços alcançados nos estudos da Psicomotricidade, e que, especialmente, considere os aspectos culturais no processo de aprendizagem.

PROPOSTA DE ORIENTAÇÕES PARA UMA ATUAÇÃO TRANSFORMADORA

Em qualquer trabalho de Educação Física, o professor deve estar apto a seguir determinadas etapas que garantam a eficiência e a eficácia da sua ação junto aos educandos. Faria Jr. (1981) indica uma sequência de passos pedagógicos, baseados na concepção de "modelo de ensino", que considera necessários ao adequado encaminhamento dos trabalhos. São os seguintes: a) especificação de objetivos; b) comprovação prévia (sondagem sobre conhecimentos anteriores); c) seleção de conteúdos; d) seleção de procedimentos didáticos; e) desenvolvimento das atividades; e f) verificação de resultados.

Entretanto, para uma atuação transformadora, algumas orientações complementares se fazem necessárias. Sem a pretensão de esgotar o assunto, será abordado nos parágrafos seguintes um conjunto de orientações que podem contribuir para o melhor desenvolvimento das atividades pedagógicas.

1. A participação dos educandos. A participação no planejamento, execução e avaliação de atividades oferece oportunidades aos alunos para tomarem contato com noções de responsabilidade, democracia e, ainda, de se sentirem autovalorizados. Não numa participação passiva, de simples observador e cumpridor de ordens, mas num papel dinâmico, emitindo opiniões, debatendo em grupo etc.

Quando possível, o professor deve suscitar entre os alunos o debate e a tomada de decisão em grupo acerca de alguns aspectos de aula, procurando fazê-lo numa linguagem acessível e clara. Um plano de curso, unidade ou aula pode ser antecipadamente discutido com os alunos.

Na execução, principalmente quando se tem um grande número de alunos e onde apenas um subgrupo pode ser trabalhado, o outro subgrupo pode auxiliar o professor na orientação das atividades, controle dos materiais etc.

Sem superestimar o rendimento alcançado pelos alunos, e numa perspectiva de avaliação de curso, unidade ou aula, pode ser extremamente educativo propor ao grupo uma apreciação avaliativa sobre a prática levada a efeito, o que possibilita momentos de reflexão e de expressão crítica.

2. O trabalho com as funções psicomotoras e as qualidades físicas. Num tipo de atuação em que os elementos da Educação Física Escolar e da Psicomotricidade são trabalhados conjuntamente, de forma integrada, tanto as funções psicomotoras (esquema corporal, tônus da postura, coordenações globais, motricidade fina etc.) como as qualidades físicas (velocidade, força, equilíbrio etc.) são referências importantes na determinação e orientação das atividades.

Embora uma função psicomotora ou qualidade física sempre se apresente associada a outras, o professor deve estar consciente do que realmente está almejando com seu trabalho diante do grupo de crianças, e assim programará atividades coerentes. Se, por exemplo, ele identificar que há necessidade de um maior número de atividades que estimulem a motricidade fina, deverá saber planejar suas ações para alcançar tal propósito.

Muitos autores, entre eles V. Oliveira (1983), recomendam que não sejam adotados na Educação Física do 1º grau exercícios excessivamente analíticos. As atividades mais globais e lúdicas propiciam maior prazer, o que valoriza a aplicação de jogos infantis durante as aulas. Costa Ferreira (1984) comenta a necessidade de serem estimuladas as qualidades lúdicas nas aulas de Educação Física do 1º grau, tais como a espontaneidade e a capacidade de desenvolver satisfação pessoal com desempenho e iniciativa.

As funções psicomotoras foram definidas no primeiro capítulo, que trata da Psicomotricidade. Nos últimos anos surgiram algumas publicações sobre Educação Física, nas quais se verificam preocupações com determinadas funções psicomotoras. Negrine (1983), por exemplo, recomenda nas primeiras quatro séries escolares a estimulação e estruturação do esquema corporal, a estimulação da lateralidade, do ajuste postural, do equilíbrio, da coordenação dinâmica geral, da motricidade fina etc. O documento do SEED/MEC, "Diretrizes de Implementação e Implantação da Educação Física na Educação Pré-Escolar e no Ensino da Primeira à Quarta Séries do Primeiro Grau", elaborado por um grupo de professores e publicado em 1982, valoriza a Educação Psicomotora e recomenda a capacitação dos professores nesta área de conhecimentos.

As qualidades físicas que vêm sendo trabalhadas na Educação Física e suas respectivas definições serão tratadas no próximo subitem.

Qualidades físicas. As qualidades ou valências físicas são elementos valiosos para a atividade do professor de Educação Física. V. Oliveira (1983) assim se referiu a elas: "Nas aulas de Educação Física, desenvolver as qualidades físicas é, sem dúvida, um dos objetivos mais importantes a serem atingidos" (p. 95).

Vários pesquisadores interessaram-se pelo estudo das qualidades físicas. Contudo, não se chegou a uma classificação comum para elas. Hollmann e Hettinger (1983) confirmam esse aspecto:

> *Até agora ainda não se conseguiu, tanto no plano nacional* (os autores referem-se à República Federal da Alemanha) *quanto no internacional, alcançar uma esquematização uniforme ou mesmo definições homogêneas em relação às qualidades físicas e formas de solicitação. (p. 125)*

Dentre os quadros de qualidades físicas localizados em literatura especializada, destaca-se pela sua abrangência e clareza o trabalho de Tubino (1979). O autor elaborou um quadro geral composto por nove diferentes qualidades físicas, cinco delas apresentando subdivisões: (1) velocidade (1.1) de reação,

(1.2) de deslocamento e (1.3) de membros; (2) força (2.1) dinâmica, (2.2) estática e (2.3) explosiva; (3) equilíbrio (3.1) dinâmico, (3.2) estático e (3.3) recuperado; (4) coordenação; (5) ritmo; (6) agilidade; (7) resistência (7.1) aeróbica, (7.2) anaeróbica e (7.3) muscular localizada; (8) flexibilidade; e (9) descontração (9.1) total e (9.2) diferencial.

Algumas qualidades físicas são também tratadas como funções psicomotoras. É o caso do equilíbrio, ritmo, coordenação e descontração ou relaxamento. Por existirem pequenas diferenças entre suas definições descritas pela Psicomotricidade e Educação Física, será definido a seguir o conjunto das qualidades físicas, incluindo aquelas já abordadas como funções psicomotoras.

1. Velocidade. É a qualidade física particular do músculo e das coordenações neuromusculares que permite a execução de uma sucessão rápida de gestos que, em seu encadeamento, constituem uma só e mesma ação, de uma intensidade máxima e de uma duração breve e muito breve (segundo Fauconnier, citado por Tubino).

1.1 Velocidade de reação. Velocidade com a qual um atleta[3] é capaz de responder a um estímulo.

1.2 Velocidade do deslocamento. Capacidade máxima de um indivíduo deslocar-se de um ponto para outro.

1.3 Velocidade de membros. É a capacidade de mover os braços ou pernas tão rápido quanto possível.

2. Força. É a qualidade física que permite um músculo ou um grupo de músculos produzir uma tensão, e vencer uma resistência na ação de empurrar, tracionar ou elevar.

2.1 Força dinâmica. É o tipo de força que envolve as forças dos músculos nos membros em movimento ou então suportando o peso do corpo em movimentos repetidos, durante um período de tempo.

2.2 Força estática. É o tipo de força que explica o fato de haver força produzindo calor, mas não ocorrendo produção de

3. O autor utiliza várias vezes o termo *atleta* em suas definições, porque seu trabalho é dirigido a treinamento desportivo.

trabalho em forma de movimento. É também chamada força isométrica.

2.3 Força explosiva. É o tipo de força que pode ser explicada pela capacidade de exercer o máximo de energia num ato explosivo. Também conhecida como potência muscular.

3. Equilíbrio. É uma qualidade física conseguida por uma combinação de ações musculares com o propósito de assumir e sustentar o corpo sobre uma base, contra a lei da gravidade.

3.1 Equilíbrio dinâmico. É o tipo de equilíbrio conseguido em movimento.

3.2 Equilíbrio estático. É o tipo de equilíbrio conseguido numa determinada posição.

3.3 Equilíbrio recuperado. É a qualidade física que explica a recuperação do equilíbrio numa posição qualquer.

4. Coordenação. É a qualidade física que permite ao homem assumir a consciência e a execução, levando-o a uma integração progressiva de aquisições, favorecendo-o a uma ação ótima dos diversos grupos musculares na realização de uma sequência de movimentos com um máximo de eficiência e economia.

5. Ritmo. É a qualidade física explicada por um encadeamento de tempo, um encadeamento dinâmico-energético, uma mudança de tensão e repouso, enfim, uma variação regular com repetições periódicas.

6. Agilidade. É a qualidade física que permite mudar a posição do corpo no menor tempo possível.

7. Resistência. É a qualidade física que permite um continuado esforço, proveniente de exercícios prolongados, durante um determinado tempo.

7.1 Resistência aeróbica. É a qualidade física que permite a um atleta sustentar por um período longo de tempo uma atividade física relativamente generalizada em condições aeróbicas, isto é, nos limites do equilíbrio fisiológico denominado *steady-state.*

7.2 Resistência anaeróbica. É a qualidade física que permite a um atleta sustentar, no maior tempo possível, uma atividade física em condições anaeróbicas, isto é, numa situação de débito de oxigêncio.

7.3 Resistência muscular localizada. É a qualidade física

que permite a um atleta no maior tempo possível a repetição de um determinado movimento com a mesma eficiência.

8. Flexibilidade. É a qualidade física que condiciona a capacidade funcional das articulações a movimentar-se dentro dos limites ideais de determinadas ações.

9. Descontração. É a qualidade física compreendida como um fenômeno neuromuscular resultante de uma redução de tensão na musculatura esquelética. A descontração é também chamada de relaxamento.

9.1 Descontração total. É o tipo de descontração que capacita o atleta a recuperar-se de esforços físicos realizados. Está intimamente ligada a processos psicológicos e envolve todo o corpo.

9.2 Descontração diferencial. É a qualidade física que permite a descontração dos grupos musculares que não são necessários à execução de um ato motor específico.

Ao final das definições descritas, é importante acrescentar que outros autores adotam terminologia diferente para as valências físicas abordadas.

3. O respeito à individualidade da criança. Mesmo trabalhando em grupo, às vezes com grande número de componentes, deve-se levar em consideração que cada criança tem uma constituição física que lhe é própria, possui características emocionais e afetivas que são também pessoais, e vivencia fora da escola um meio social diverso das demais crianças. Esses aspectos demonstram que o professor não pode esperar desempenho idêntico dos seus alunos, e deve estar consciente de que determinados trabalhos nem sempre são recomendáveis para todos.

Seybold (1982) registra a dificuldade do professor em conseguir desenvolver o ensino individualizado, principalmente ao constatar que os próprios programas oficiais estabelecem objetivos e metas únicos para cada grau escolar. Contudo, a mesma autora considera imprescindível seguir-se o princípio da individualidade:

Se, a princípio, a individualização se impôs com o fim de assegurar o êxito didático, no transcurso da evolução posterior chegou a basear-se no respeito pela dignidade do homem e pela personalidade da criança. (p. 47)

Desta forma, verifica-se que, na Educação Física Escolar, o princípio da individualidade extrapola o nível biológico.

Os jogos infantis, embora desenvolvidos em grupos, respeitam a individualidade da criança. O trabalho físico exigido durante o jogo não ultrapassa o limiar em que meninos e meninas podem desenvolvê-lo com prazer, sem se submeterem, portanto, às grandes sobrecargas. Da mesma forma, o desenvolvimento dos aspectos relacionados ao âmbito social e emocional são também exercitados de forma espontânea e livre.

O professor pode ter uma atuação importante através dessas atividades. Mesmo trabalhando com turmas, poderá programar maior número de jogos dirigidos a determinadas necessidades identificadas em pequenos grupos de crianças. Procurando revezar os papéis previstos em cada jogo, dedicará especial atenção a cada um dos participantes.

4. O incentivo à pesquisa, à observação, ao exercício da reflexão e à expressão crítica. Ao nível do desenvolvimento cognitivo, afetivo e social alcançado pelas crianças, deve-se procurar meios de propiciar a pesquisa, a observação atenta, a reflexão sobre observações realizadas e a expressão de opiniões. Jogos levantados pelas crianças podem ser vivenciados em aula e depois comentados pelos participantes.

Por outro lado, a associação entre as atividades vivenciadas em aula e o contexto social deve também ser explorada. A curiosidade acerca de um fato comentado no dia-a-dia pelos meios de comunicação de massa e pelos adultos, como por exemplo o tema "eleição" ou "processo de votação", pode ser vivenciado no âmbito da Educação Física, através da escolha de um capitão de equipe ou de quem dirigirá um jogo naquele dia.

5. O desestímulo à competição e ao treinamento em idade precoce. A competição é própria do jogo, e quando vista no sentido de autodesenvolvimento, de colaboração entre colegas, pode ser altamente educativa. Todavia, a competição, significando a supervalorização do vencedor, a busca extremada do rendimento e da superação dos outros, as vantagens dos vencedores e o desprezo aos perdedores, não pode estar presente nas ações de Educação Física Escolar.

A competição, no último sentido descrito, junto ao treinamento em idade precoce, pode causar sérios danos ao desenvolvimento infantil. Negrão (1980), no artigo "Os minicampeões", condena a competição e o treinamento em idade precoce, que têm sido incentivados por profissionais e pais desinformados, e por pessoas e empresas com interesses financeiros e sensacionalistas nos eventos. São inúmeras as consequências negativas, de ordem física e psicológica, que advêm de competições e treinamentos em idade infantil.

Têm-se verificado absurdos em que crianças participam de competições e treinamentos aos 5 anos de idade, estimuladas por vasta cobertura por parte de determinados órgãos de imprensa, que deveriam, ao contrário, procurar esclarecer e denunciar práticas semelhantes.

Deacon (1978), preocupado com o grande número de lesões causadas a meninos e meninas, chama a atenção para que, no trabalho com crianças, sejam observadas a) as curvas de crescimento dos diversos órgãos e sistemas e b) a vulnerabilidade orgânica própria da idade infantil. Ele sugere a idade de 12 anos como ideal para os primeiros contatos com as competições e treinamentos.

Teixeira e Pini (1978), sobre a idade ideal para o início das competições e dos treinamentos, fazem a seguinte afirmação:

> *Os esportes de velocidade podem ser incentivados a partir dos 10 anos de idade; os de resistência, somente após a eclosão dos fenômenos puberais (12 a 14 anos para moças e 14 a 16 para moços); os de força, somente na fase final da adolescência. (p. 27)*

Matsudo (1984) não faz indicação de idade ideal para o início dos treinamentos. A preocupação, segundo o autor, deve estar no programa de treinamento. E justifica:

De nada adianta à criança ou ao adolescente estar supostamente na idade que a fisiologia e a pedagogia nos dizem como sendo ideal, se as condições de treinamento não forem adequadas. (p. 59).

Embora os estudos que indicam idades médias para o início do treinamento e competição sejam referências importantes em certos casos, verifica-se que as determinantes principais para tal iniciação são as seguintes: o nível de desenvolvimento físico e emocional alcançado pela criança, a modalidade pretendida e as características do treinamento a ser adotado. Como o desenvolvimento físico e emocional varia de criança para criança, torna-se difícil fixar uma idade para o início dos treinamentos desportivos e das competições.

6. A relação entre a Educação Física e as demais disciplinas. Nas escolas, a inter-relação dos conteúdos das disciplinas que a criança está cursando facilita o processo de assimilação, acomodação e até mesmo de apreciação crítica de determinados temas. Entretanto, é por vezes difícil conseguir-se tal integração, já que pressupõe um planejamento conjunto e o conhecimento acerca do andamento das demais matérias curriculares. Contudo, o professor de Educação Física deve procurar evitar o completo isolamento do seu trabalho com relação aos demais colegas, procurando o máximo de informações sobre as outras disciplinas e, quando possível, propondo atividades conjuntas.

7. O estímulo às atitudes favoráveis à prática permanente das atividades físicas. Uma Educação Física motivadora, alegre, onde todos têm oportunidade de participar de diferentes situações, de expressar-se, de relacionar-se com outras pessoas, é, por si só, incentivadora do hábito da prática regular de atividades físicas. Mesmo assim, é importante que o professor procure reforçar o processo de conscientização dos valores de uma prática permanente da Educação Física, divulgando e debatendo suas implicações relacionadas com os enfoques físico, cognitivo, afetivo e sociocultural.

8. A valorização da cultura popular.[4] Esta última orientação é um dos pontos básicos para a realização deste trabalho. Através das *cantigas de roda*, que segundo Novaes (1983) são adequadas às crianças de 4 a 7 anos, e por meio dos *jogos populares*, assunto do terceiro capítulo, acredita-se poder contribuir para a melhoria do processo ensino-aprendizagem na Educação Física.

O estudo dos elementos e da dinâmica dos jogos populares infantis poderá contribuir para que grande número de exercícios analíticos, cansativos e desmotivadores seja substituído por atividades mais alegres e também eficazes.

Por outro lado, a Educação Física estará tomando parte no processo de valorização e preservação de manifestações da cultura popular, numa atitude de resistência às diversas formas de manipulação que se verificam no âmbito educacional.

Sérgio (1983) indica através do seu "Manifesto para um Desporto do Futuro" que os jogos tradicionais podem ser uma das expressões mais importantes para uma nova perspectiva do desporto:

> *De fato, a manutenção dos jogos tradicionais representa, em muitos casos, uma recusa ativa e empenhada, por parte do povo, do desporto do poder. Não residirá, nestes jogos e desportos populares, a semente de um desporto novo? (p. 8)*

Ao encerrar esta série de orientações, tem-se a expectativa de que, no seu conjunto, possam conduzir a uma atuação transformadora da Educação Física, especialmente da Educação Física Escolar de 1º Grau, que numa visão educacional avançada e mais ampla esteja comprometida com a conquista de melhores condições de vida para a maioria da população.

Contudo, para se chegar a essa concepção de Educação Física, necessita-se contar com professores que alcancem ní-

---

4. Chauí (1983) afirma que na perspectiva gramsciana o popular na cultura significa a transfiguração expressiva de realidades vividas, conhecidas, reconhecíveis e identificáveis, cuja interpretação pelo artista e pelo povo coincide.

veis de competências também transformadores, principalmente no que se refere às suas atitudes. Somente com profissionais criativos, conscientes e, principalmente, determinados, poder-se-á mudar o perfil da Educação Física.

III
JOGOS INFANTIS
Bases Teóricas e Pesquisas de Campo

CONCEITO DE JOGO

A literatura especializada não registra concordância quanto a um conceito comum para o jogo. Uma das investigações mais profundas sobre o assunto foi empreendida por Huizinga (1971), que procedeu a uma intensa pesquisa sobre a categoria jogo em diferentes culturas e línguas. Estudou suas aplicações na língua grega, no chinês, japonês, línguas hebraicas, latim, inglês, alemão, holandês etc.

Verificou que embora no latim clássico a recreação, as competições, as representações litúrgicas e teatrais e os jogos de azar sejam abrangidos pelo termo *ludus*, a origem da palavra *jogo* em português, *jeu* em francês, *gioco* em italiano e *juego* em espanhol, advém de *jocus*, cujo sentido original abrangia apenas gracejar ou troçar.

Na sua investigação, identificou pontos de discussão sobre a concepção do termo, um dos quais de grande importância, porque se refere à relação entre jogo e competição. Em algumas línguas, como a grega, a chinesa e a sânscrita, existem palavras diferentes para designar jogo e competição. Outras, porém, empregam o termo jogo numa concepção mais ampla, sem diferenciação nítida. Nesse caso encontram-se o japonês, inglês, francês, alemão, italiano, holandês, espanhol e português, além de algumas línguas especiais estudadas pelo autor.

Estudos dessa natureza contribuem para o entendimento do porquê da aplicação do termo jogo com significados tão variados em trabalhos recentes sobre o desenvolvimento infantil. Como exemplo pode-se citar o livro *A Criança e seus Jogos*, de autoria de Arminda Aberastury, publicado pela Editora Vozes em 1972, onde o objeto brinquedo é às vezes chamado de jogo. Piaget (1975) chamou de "jogos de exercícios", e Bühler e Château, segundo Leif e Brunelle (1978), denominaram de "jogos funcionais" aos movimentos mais simples dos recém-nascidos, nos quais parecem ter prazer em executar, como o estender e recolher os braços, tocar objetos, produzir sons e ruídos etc. Não se observa nesses casos a identificação entre jogo e competição.

Brinquedos, brincadeiras e jogos são interpretados por Cascudo (1979) como sinônimos. Para o autor, brinquedo pode ser considerado tanto o objeto material para brincar como a própria ação de brincar. Cascudo admite, por exemplo, que se denomine "brinquedo de cabra-cega", "brinquedo de chicote-queimado" etc.

Huizinga (1971) propôs uma definição para jogo que abrange tanto as manifestações competitivas como as demais:

> *O jogo é uma atividade ou ocupação voluntária, exercida dentro de certos e determinados limites de tempo e de espaço, segundo regras livremente consentidas, mas absolutamente obrigatórias, dotado de um fim em si mesmo, acompanhado de um sentido de tensão e de alegria e de uma consciência de ser diferente da "vida cotidiana". (p. 33)*

Caillois, citado por Leif e Brunelle (1978) e P. Oliveira (1982), pesquisou determinadas características do jogo e propôs uma classificação em quatro categorias: a) jogos de competição; b) jogos de acaso; c) jogos de simulacro ou disfarces; e d) jogos de vertigem.

A classificação elaborada por Caillois leva em consideração seis aspectos importantes do jogo, alguns também abordados por Huizinga: a) grau de liberdade que o envolve; b) espaço físico e de tempo delimitados; c) regras estabelecidas; d) improdutividade, uma vez que não gera riquezas diretas ou bens; e) incerteza no seu desdobramento; e f) fuga à vida cotidiana, tomando um aspecto fictício.

Outros autores, entre os quais Medeiros (1961), ressaltam a diferença entre os jogos em que há disputa entre dois ou mais participantes e as brincadeiras livres não organizadas, não sujeitas a regras, como por exemplo as correrias nos pátios escolares na hora do recreio ou o mexer com terra e areia. Seguindo uma concepção semelhante, Kamii e DeVries (1980), na publicação *Group Games in Early Education*, delimitam o jogo às competições de ordem física e mental.

No âmbito da Educação Física, o jogo vem sendo concebido numa ótica competitiva. A associação entre jogo e competição dá-se em um nível de tal profundidade que os termos são constantemente empregados como sinônimos.

O tipo de disputa presente nos jogos infantis difere daquele presente nas competições que buscam o rendimento extremo e a superação do outro a todo custo.

O jogo pode ser definido como uma atividade ou ocupação voluntária, onde o real e a fantasia se encontram, que possui características competitivas, ocorre num espaço físico e de tempo determinados, desenvolve-se sob regras aceitas pelo grupo de participantes, e são, em geral, a habilidade física, o desempenho intelectual diante das situações de jogo, e às vezes a sorte, os componentes responsáveis pela determinação dos seus resultados. Com frequência, sua prática se dá num clima de tensão e expectativa, principalmente face ao desconhecimento antecipado do resultado final.

Embora haja exceções no que se refere a determinadas competições entre desportistas profissionais, o prazer de vivenciar situações da atividade escolhida, e se possível tornar-se vencedor, é o mais importante elemento propulsor do interesse pela prática de um jogo específico.

Grande número de competições segue as regras determinadas pelas federações e confederações. Entretanto, qualquer modalidade praticada livre e espontaneamente como lazer poderá ter suas regras adaptadas segundo o interesse do grupo participante, e nesse caso até mesmo o espaço de jogo ou o número de jogadores de cada equipe poderão ser alterados, sem, contudo, decair o nível de interesse.

Faz-se necessário ressaltar a distinção entre o jogo, anteriormente abordado, e as brincadeiras e brinquedos. Entende-se brincadeira como uma categoria mais abrangente, que inclui os jogos e também outras ações, como as correrias nos pátios, o mexer com areia ou com a água, a tentativa de saltar um grande número de degraus ou procurar alcançar um objeto num nível elevado, como um galho de árvore, ou um cordão etc. Brinquedo parece ser um termo mais apropriado para designar o objeto utilizado no ato de brincar.

OS JOGOS NA INFÂNCIA

Os jogos infantis foram em vários momentos interpretados pelos adultos em contraposição à ideia de estudo e trabalho. Medeiros (1961) registrou em 1959 a dificuldade de o jogo ser entendido como parte do trabalho escolar e não somente como atividade programada para o encerramento do ano letivo ou comemorações. Não faltam apontamentos de situações em que a preferência pela prática de um jogo qualquer num terreno baldio ou mesmo na rua era motivo para rotular crianças como vadias e até mesmo pouco inteligentes, já que os jogos não eram valorizados como prática educativa.

Hoje a perspectiva com relação aos jogos infantis é outra. Educadores e outros pesquisadores da Educação incentivam a prática do jogo como forma de aperfeiçoar o desenvolvimento infantil. Pode-se afirmar que os jogos estão adquirindo gradualmente uma nova dimensão. Vistos sob um enfoque de integração aos currículos das escolas, deixam de ser considerados atividade secundária e passam a ser pedagogicamente aceitos como parte dos conteúdos.

Tomando posição diante desse tema, a UNESCO (1979, p. 5), entidade de notável importância no cenário internacional da Educação, considera o jogo a "razão de ser da infância, de importância vital e condicionador do desenvolvimento harmonioso do corpo, da inteligência e da afetividade".

Embora seja recente a valorização dos jogos no contexto educacional, surgiram anteriormente diversas investigações quanto a seu significado durante o transcorrer da infância. As fundamentações encontradas foram de ordem psicológica, fisiológica e sociocultural, e encontram-se em diversas teorias publicadas. I. Marinho (1945), com base em estudos de inúmeros autores, apresentou um conjunto de teorias sobre os jogos, incluindo a "teoria da transfiguração" de sua própria autoria. Dessas teorias, seguem aquelas que podem ser consideradas principais pelo seu constante emprego na fundamentação de estudos, projetos e outros trabalhos. Acompanham-nas sucintas análises:

a) *Teoria do descanso ou do recreio*. Segundo I. Marinho (1945), foi estudada e defendida por Muths, Schaller e Lazarus. Explica o jogo como forma de recreio, onde o descanso do organismo e do espírito fatigados é a justificativa básica.

Refletindo-se sobre a realidade do dia-a-dia, constata-se que inúmeras vezes crianças que chegam da escola, ou após uma atividade que exige maior concentração intelectual, de fato encontram-se altamente propensas a praticar determinados jogos. Entretanto, verifica-se que inúmeros momentos de jogo não são absolutamente suscitados pelo cansaço físico ou mental, mas por diversos outros fatores.

b) Teoria do excesso de energia. Elaborada por Schiller em 1795, defendida também por Spencer, e empregada constantemente, esta teoria fundamenta-se no princípio de que a criança possui excesso de vitalidade, e portanto suas energias não consumidas em outros afazeres seriam canalizadas para a prática do jogo.

O excesso de energia pode ser realmente observável em crianças de faixas etárias diversas. Há momentos em que elas parecem não conseguir permanecer numa posição mais estática por alguns momentos sequer.

A teoria de Schiller, antes mesmo da década de 40, foi

questionada por Claparède, ao constatar que crianças muito cansadas, e até mesmo em estado de convalescença, procuravam praticar diversos tipos de jogo.

c) *Teoria do exercício preparatório.* Deve-se a Karl Groos, por volta de 1896, a formulação desta teoria. Ela procura explicar o jogo como forma de preparação da criança para a vida adulta. As experiências vivenciadas através dos jogos infantis se refletiriam na formação do adulto no futuro. O estudo dos jogos entre os animais, empreendido pela UNESCO (1979), com base nos trabalhos de Groos e de Lorenz (*Tous les chiens, tous les chats*; 1970), demonstrou que, entre os animais irracionais como entre seres humanos, o jogo infantil está relacionado com o processo de maturação, embora haja marcantes diferenças de estados emocionais entre o momento de jogo e o desempenho de inúmeras atividades adultas.

Essa teoria pode explicar parcialmente o repertório de jogos infantis. Florestan Fernandes, citado por V. Melo (1981), parece partilhar desta concepção, ao ressaltar que "pelo jogo e pela recreação, a criança se prepara para a vida, amadurece para tornar-se um adulto em seu meio social". (p. 146)

Makarenko (1981), um dos mais importantes educadores soviéticos, na série de conferências que proferiu em 1939, ressaltou a importância do jogo quando bem orientado, seguindo o enfoque da teoria do exercício preparatório:

> *Para educar o futuro homem de ação, não se deve eliminar o jogo, mas organizá-lo de tal forma que, sem desvirtuar seu caráter, contribua para formar as qualidades do trabalhador e cidadão do futuro. (p. 48)*

Certos jogos, contudo, não parecem associados diretamente à vida adulta. Mas vivenciá-los pode ser considerado um passo essencial para a formação harmoniosa do homem.

d) *Teoria do atavismo.* Apresentada por Stanley Hall em 1903, é uma das teorias mais interessantes por estabelecer relação entre os períodos de evolução histórica da humanidade e as características dos jogos infanto-juvenis na sequência das faixas etárias. No Quadro 1, pode-se observar o comportamento das variáveis estudadas por Hall e apresentadas no trabalho de I. Marinho (1945).

Quadro 1
Jogos Infantis, Segundo os Períodos de Evolução da Humanidade e Faixa Etária

Ordenação	Períodos de Evolução da Humanidade	Faixa Etária	Jogos Correspondentes
1º	Período animal	0 a 7 anos	Jogos de movimentação: balançar-se, trepar etc.
2º	Período selvagem	7 a 9 anos	Jogos de caça: esconder-se, atirar, dar golpes com paus.
3º	Período nômade	9 a 12 anos	Jogos de competição, jogos de destreza, coleções e primeiros jogos de imaginação.
4º	Período pastoril	Intermediária do 3º/4º períodos	Boneca, jardim e construções.
5º	Período tribal	12 a 17 anos	Jogos de equipes.

Os interesses infantis e as informações recebidas pelas crianças através dos meios de comunicação são hoje muito diferentes se comparados aos do início do século. Por isso, as faixas etárias seccionadas pelo autor não podem corresponder aos momentos atuais. Contudo, a hierarquização dos períodos de evolução humana e os jogos correspondentes parecem estar presentes ainda hoje.

Alguns autores não apóiam tal teoria. Wallon (1979) discorda terminantemente da concepção de que a ontogênese repete a filogênese. Considera que a analogia invocada de que os comportamentos sucessivos da criança, em particular os comportamentos lúdicos, recapitulem as atividades fundamentais dos povos antepassados é vaga e improvável.

e) *Teoria da transfiguração.* Seu autor, Inezil Penna Marinho, partiu do princípio de que cada ser humano possui dentro de si, em estado latente, o instinto de transfiguração, que se caracteriza pela necessidade de vivenciar outros papéis. Assim, quando a criança brinca de "casinha", por exemplo, interiormente estaria pretendendo vivenciar o papel de adulto na relação marido/mulher. Os mecanismos psíquicos presentes no exemplo citado seriam os mesmos que transportam a criança, ao ler ou escutar uma estória, para o contexto da mesma, colocando-se lado a lado com os personagens.

Observa-se que o autor abordou nesta teoria implicações de ordem psicanalítica que parecem envolver determinados momentos lúdicos infantis.

Tomando-se uma posição de reflexão diante das teorias descritas, verifica-se que em praticamente todas há fundamentos com os quais se pode concordar, além do que elas parecem complementar-se entre si. Dependendo das características dos participantes e do momento do jogo, determinada proposição teórica aproxima-se mais de uma fundamentação para a sua prática.

REFERÊNCIAS PSICOPEDAGÓGICAS E PSICANALÍTICAS AO JOGO INFANTIL

A maioria dos pesquisadores que investigaram o desenvolvimento infantil, seja do ponto de vista da Psicologia, da Psicanálise, da Educação ou outra área, necessitou abordar a relação da criança com o brinquedo e o jogo. Na primeira e segunda infância, a atividade lúdica predomina sobre as demais, embora nos dias de hoje o trabalho em idade precoce esteja tomando dimensões alarmantes em países subdesenvolvidos.

Um dos mais importantes estudos sobre a prática do jogo é de autoria de Jean Piaget. Sua concepção sobre jogo compreende manifestações não necessariamente competitivas, como será visto a seguir.

Valorizando acentuadamente a prática lúdica para o harmonioso desenvolvimento infantil, Piaget (1975) propôs uma sequência de três estágios para a evolução do jogo na criança: a) estágio dos jogos de exercícios; b) dos jogos simbólicos; e c) dos jogos de regras. Esses estágios imbricam-se entre si, e manifestações típicas de um estágio anterior podem apresentar-se posteriormente.

O estágio dos "jogos de exercícios", chamados de "jogos funcionais" por Bühler e Château, segundo Leif e Brunelle (1978), engloba movimentos simples, como o estender e recolher braços e pernas, imprimir oscilações em objetos, tocá-los, produzir sons etc. Ajuriaguerra (1983) apoia a ocorrência desse estágio na busca do prazer funcional.

López (1974) registra uma das observações de Piaget, na qual ele identifica o surgimento dos jogos de exercícios aos 2 meses e 21 dias de idade:

> *Parece que T. repete o gesto com um ar cada vez mais divertido e com um interesse cada vez menor pelo resultado exterior: endireita a cabeça e depois inclina-a de novo, uma série de vezes, rindo às gargalhadas. (p. 73)*

Embora apareça tão cedo esse tipo de jogo na criança, seu apogeu se dá entre os 2 e 3 anos de vida, declinando a seguir com o transcorrer do tempo, ainda que possa ser observado na fase adulta.

Durante o estágio dos "jogos de exercícios", verifica-se a manifestação da "lei do efeito" de Thorndike, descrita por Leif e Brunelle (1978, p. 37): "O efeito favorável provoca a repetição do gesto útil e o fracasso a supressão do gesto nocivo". O efeito, quando conhecido com antecedência, chega a um nível de monotonia, enquanto o efeito imprevisto geralmente é mais prazeroso e motivador.

Os "jogos simbólicos", integrantes do estágio subsequente concebido por Piaget (1975), têm início com a função simbólica, ao final do primeiro ano de vida e início do segundo. Ao término da primeira infância, os "jogos simbólicos" predominam sobre os demais. Esse estágio encerra atividades em que objetos transfiguram em sua função, como, por exemplo, cabo de vassoura passa a ser cavalo, lata de óleo torna-se automóvel etc.

Ao abordar o terceiro estágio, dos "jogos de regras", Piaget (1975) afirmou:

> *O jogo de regras apresenta precisamente um equilíbrio sutil entre a assimilação ao eu – princípio de todo o jogo – e a vida social. (p. 216)*

Nesse estágio é solicitado, portanto, um certo nível de socialização e descentração que a criança, geralmente, só vai atingir no período de suas primeiras atividades escolares. Mesmo assim, os "jogos de regras" têm início de forma rudimentar, ainda na primeira infância, através da imitação dos "jogos de regras" dos mais velhos. Entretanto, de forma espontânea e organizada, só se afirmarão por volta de 7 a 8 anos. Desse período, os "jogos de regras" estendem-se por todas as fases da vida, passando por momentos em que, como modalidades desportivas, terão maior destaque.

Outro grande pesquisador que, como Piaget, desenvolveu trabalhos na área de Psicologia Genética e se interessou pelo jogo infantil, foi Henri Wallon. Analisando o estudo dos estágios propostos por Piaget, Wallon fez inúmeros comentários onde evidenciava o caráter emocional em que os jogos se desenvolvem, e seus aspectos relativos à socialização. Interessou-se particularmente pelo aspecto da descoberta e da relação com o "outro" que o jogo é capaz de propiciar.

Referindo-se à faixa etária em torno dos 7 anos de idade, Wallon (1979) demonstra seu interesse pelas relações sociais infantis nos momentos de jogo:

> *A criança concebe o grupo em função das tarefas que o grupo pode realizar, dos jogos a que pode entregar-se com seus camaradas de grupo, e também das contestações, dos conflitos que podem surgir nos jogos onde existem duas equipes antagônicas. (p. 210)*

S. Freud, segundo Mannoni (1983, p. 22), referiu-se pela primeira vez à importância do jogo infantil em 1908. Naquela oportunidade, S. Freud afirmara: "No brinquedo, a criança cria um mundo dela, ou mais exatamente, reordena às suas ideias as coisas do mundo". Observando uma criança de 18 meses ao brincar, fazendo desaparecer e aparecer um carretel, ele identificou uma dimensão simbólica da relação mãe-filho.

Anna Freud (1971) parece partidária da Teoria do Exercício Preparatório, ao afirmar que "a aptidão lúdica converte-se em aptidão para o trabalho, quando um certo número de faculdades adicionais foi adquirido" (p. 76). Ressalta os valores construtivos do jogo infantil e a capacidade de estimular o desenvolvimento de planos, através da vivência dos diálogos e contatos que se firmarão posteriormente, quando surgirem os jogos em grupo. No seu estudo *Do Egocentrismo ao Companheirismo*, a autora situa os jogos de grupo numa terceira etapa, após a criança passar pela fase de perspectiva egoísta e de relação com outras crianças como objetos inanimados.

Mannoni (1983) registra a introdução do brinquedo na análise de crianças a partir de 1919, por Melanie Klein, psicanalista da escola inglesa. Klein viu no jogo não somente a satisfação do desejo, mas também, o triunfo e domínio da realidade penosa, graças ao processo de projeção sobre o mundo exterior de perigos internos. O jogo seria, então, capaz de transformar a angústia da criança "normal" em prazer.

Na sua obra *Playing and Reality*, Winnicott (1975a) reafirma o valor da brincadeira na análise de crianças, como anteriormente constatara Klein. A esse respeito, assim se expressou:

> *Para o analista, não deixa de ser valioso que se lhe recorde constantemente não apenas aquilo que é devido a Freud, mas também o que devemos à coisa natural e universal que se chama brincar. (p. 63)*

Realizando um estudo aprofundado sobre a brincadeira infantil, Winnicott (1975b) concluiu que a criança ao brincar, além de encontrar o prazer, é capaz de dominar a angústia e os impulsos que conduzem a ela. Constatou, ainda, que a brincadeira proporciona à criança experiências, tanto externas quanto internas, que são fundamentais para a evolução de sua personalidade.

Partindo da concepção de Winnicott sobre o jogo – uma atividade na qual se dá o contraste entre a realidade psíquica interior ou pessoal com o mundo real do indivíduo –, Ajuriaguerra (1983) analisa uma importante questão sobre a atividade lúdica infantil: a criança que brinca sozinha. O autor concluiu que a criança, ao brincar consigo própria, está vivenciando os diálogos e os contatos que só posteriormente se firmarão, quando surgirem os jogos em grupo.

Dois psicanalistas franceses dedicaram especial atenção ao jogo infantil: S. Lebovici e R. Diatkine. Na publicação *Significado e Função do Brinquedo na Criança*, editada no Brasil somente em 1986, eles fazem uma apreciação do jogo segundo Huizinga, Châteaux, Callois, Erikson, Winnicott e outros. Ressaltam a importância do brincar, do jogar, pela possibilidade de expressão e criação que propicia, principalmente enquanto parte de um trabalho psicanalítico infantil.

Um tipo especial de jogo está associado ao nome de Maria Montessori. Trata-se dos jogos sensoriais. Baseada nas "jogos educativos" pensados por Fröbel – jogos que auxiliam a formação do futuro adulto –, Montessori, segundo Leif e Brunelle (1978), elaborou os "jogos sensoriais", destinados a estimular cada um dos sentidos. Para atingir esse objetivo, Montessori necessitou pesquisar uma série de recursos e projetou diversos materiais didáticos para possibilitar a aplicação do seu método.

ALGUMAS DIMENSÕES CULTURAIS DO JOGO INFANTIL

Coube a Johan Huizinga a autoria de um dos mais representativos estudos sobre o jogo enquanto expressão cultural. Na sua obra "Homo Ludens", cuja primeira edição data de 1938, Huizinga conclui pela origem do jogo em momento que antecedeu a cultura. Isto porque, na concepção do autor, a constituição da cultura pressupõe a existência da sociedade humana e o jogo já se teria evidenciado entre os animais muito antes desse período.

Muitos jogos infantis fazem parte do folclore, que Cascudo (1979, p. 334) definiu como "a cultura popular, tornada normativa pela tradição". Na recente publicação de Veríssimo de Melo (1981), os jogos populares, ao lado dos acalantos, parlendas, adivinhas e cantigas de roda, estão reunidos sob o título de "Folclore Infantil".

O folclore infantil é considerado parte importante da cultura infantil, que segundo Fernandes (1979) comporta entre seus elementos atividades não necessariamente folclóricas, como o futebol, a natação e outras práticas. O mesmo autor afirma que grande parte da cultura infantil é formada por manifestações passadas da cultura do adulto através dos tempos. Outras atividades advêm das próprias crianças, responsáveis por boa parte do seu patrimônio cultural. O tempo decorrido e o deslocamento entre áreas geográficas são fatores responsáveis por um número considerável de modificações sofridas por diversas manifestações culturais infantis.

A meticulosa observação dos jogos infantis permite inferir que na sua maioria refletem momentos importantes das relações sociais pertinentes às civilizações. V. Melo (comunicação pessoal, 1983), analisando gráficos empregados em determinados jogos, principalmente no jogo denominado "amarelinha", identificou formas de abóbadas (área do jogo que por vezes é denominada de "céu") que parecem representar uma possível influência da igreja católica advinda desde a Idade Média, quando tal forma de jogo já era registrada.

V. Melo (1981) registrou no Rio Grande do Norte um jogo denominado "capitão-de-campo-amarra-negro". Esse jogo retrata a captura de um escravo foragido, que por sua vez possui um determinado espaço físico onde não pode ser capturado – a "mancha", a qual provavelmente represente a área de resistência em que se constituíam os quilombos.

Inúmeros jogos podem ser interpretados como perfeitas manifestações teatrais infantis, onde existem papéis diferenciados e que, em geral, são revezados entre os participantes. Veja-se, por exemplo, a "cabra-cega", "o gato e o rato" etc.

Embora não seja objetivo deste estudo a investigação das dimensões antropológicas do jogo infantil, é imprescindível o registro de sua importância no quadro cultural de qualquer comunidade, onde está sujeito às influências de ordem social e político-ideológica como as demais manifestações culturais.

JOGOS POPULARES INFANTIS

Praticados com maior frequência por crianças das classes populares, incluída uma faixa da classe média, os jogos populares infantis constituem-se em importantes formas de manifestação lúdica, que ocorrem principalmente em ruas, quintais, terrenos baldios e em pátios escolares. São também conhecidos como "jogos tradicionais" porque, na sua maioria, são passados de geração a geração. Possuindo cada um deles diferentes denominações e variações no seu desenvolvimento conforme a área geográfica onde é praticado, uma de suas características mais importantes é a utilização de recursos materiais de fácil acesso, como pedaços de madeira, sobras industriais, peças mecânicas desgastadas, invólucros de produtos caseiros e industriais, e outras sucatas disponíveis.

Os jogos tradicionais, como a amarelinha, o esconde-esconde, a queimada, a cabra-cega etc. são encontrados, segundo Leif e Brunelle (1978), Medeiros (1961), Miranda (1983), UNESCO (1979) e V. Melo (1981), nas mais diferentes regiões do mundo: Portugal, Espanha, França, Itália, E.U.A. e outros.

Contudo, é difícil precisar a origem de tais jogos no Brasil. Na sua maioria, parecem ter chegado com os colonizadores portugueses, muito embora fosse rico o ludismo infantil indígena observado quando da chegada dos primeiros navegantes às costas brasileiras. Há registro de grande número de brinquedos e brincadeiras naquele período, como por exemplo na coletânea de textos sobre as práticas educacionais na sociedade Tupinambá, onde Fernandes (1975) incluiu o seguinte depoimento do Padre Fernão Cardim:

[...] têm seus jogos, principalmente os meninos, muitos vários e graciosos, em os quais arremedam muitos gêneros de pássaros, e com tanta festa e ordem que não há mais que pedir. (p. 65).

A influência portuguesa da vida brasileira foi marcante. Holanda (1979, p. 11) chega a afirmar, a despeito de tudo que nos separa de Portugal, que "podemos dizer que foi de lá que veio a forma atual de nossa cultura".

A influência da cultura negra na formação da cultura brasileira é marcante. Entretanto, não se observam registros precisos quanto às influências na prática dos jogos populares infantis.

Em algumas outras áreas do Brasil, existem influências sobre os jogos e brinquedos populares advindos de colonizações mais recentes na nossa história. É o caso da migração italiana em São Paulo, onde as *capuchetas* (espécie de pipa ou papagaio feita de jornal e sem varetas) podem servir de exemplo.

O conjunto de influências dessas diversas culturas parece ser a causa das diferentes denominações que um mesmo jogo recebe, dependendo da área geográfica onde é praticado. São os mesmos jogos, por exemplo: a) amarelinha, academia, casa de boneca, macaca ou avião; b) chicote-queimado, chicotinho-queimado, peia-quente, caça ao tesouro etc.

O PROCESSO DE INDUSTRIALIZAÇÃO/URBANIZAÇÃO E OS JOGOS POPULARES INFANTIS

Sujeitos também às mudanças sócio-econômicas, os jogos populares nas áreas urbanas foram marcados pelo processo de industrialização/urbanização, desencadeado no Brasil a partir de 1930. Migrou para os grandes centros elevado percentual de pessoas oriundas das zonas rurais e centros menores, em busca de melhores oportunidades de trabalho e, consequentemente, de vida. A interação dos migrantes, de expressões culturais próprias, com o homem da área urbana ampliou o repertório dos jogos populares junto aos grandes centros.

O processo de industrialização crescente, através das sucatas e outros materiais de origem industrial, multiplicou os recursos disponíveis, que, sob a ação de fértil criatividade popular, fizeram surgir novos brinquedos e brincadeiras. Como exemplo podemos citar: latas de óleo de cozinha utilizadas como carrocerias de pequenos caminhões, câmaras de ar utilizadas como flutuadores ("boias"), rolamentos desgastados aproveitados em carrinhos de rolimã, pneus presos por cordas aos galhos de árvores formando balanços etc.

Contudo, o fenômeno urbano-industrial gerou também problemas graves que passaram a ameaçar a permanência de grande número de jogos populares junto às crianças. O primeiro deles é de âmbito internacional, o que pode ser ratificado pelos trabalhos de Bowers (1979) nos Estados Unidos e por Neto (1979) em Portugal. Diz respeito ao espaço de jogo infantil. As crianças do meio urbano começaram aos poucos a perder os terrenos baldios, as ruas e até os quintais, quando as famílias que conseguiram permanecer junto às cidades tiveram que passar a morar em apartamentos, abandonando o amplo espaço horizontal de que dispunham anteriormente. A crescente valorização da área urbana estimulou a pressão da especulação imobiliária, passando a cidade a crescer no plano vertical. Às crianças restaram os espaços denominados *playgrounds*, na sua maioria limitadores da criatividade infantil e agressivos em sua constituição à base de cimento, ferro e fibra de vidro.

Por outro lado, o avanço tecnológico nos meios de comunicação de massa, especialmente a televisão, levou a população infantil a modificar suas formas lúdicas. O repertório de movimentos foi amplamente reduzido, com a criança passando a desempenhar papel passivo diante de um receptor de televisão. O problema é ainda agravado pela transmissão de programas de questionável valor educativo.

Outra dificuldade para a preservação dos jogos populares infantis refere-se ao crescente número de brinquedos industrializados. A televisão e outros meios de comunicação veiculam mensagens massificantes e consumistas, apoiadas em fortes esquemas de propaganda e *marketing*, procurando lançar no mercado grande número de sofisticados brinquedos industrializados. Pinsky, em estudo de 1979, apontava o lançamento no mercado brasileiro, naquele ano, do total de 822 tipos de brinquedos. Alguns deles, segundo a autora, empregam moldes alugados no exterior e outros pagam *royalties* às indústrias internacionais. O número total de brinquedos de cada modelo a ser produzido dependerá do mercado consumidor cuidadosamente estudado, podendo girar em torno de 100 mil a 300 mil unidades anuais.

Agravante, no entanto, é o fato de que a maioria dos brinquedos lançados atualmente pelas grandes empresas, dado o emprego de aperfeiçoados recursos eletrônicos, não permite à criança explorar seu potencial de capacidades psicomotoras, e mesmo afetivas e cognitivas. Excetuando-se os pequenos movimentos segmentares exigidos, a maioria dos deslocamentos espaciais são feitos exclusivamente pelos brinquedos.

Outros modelos são produzidos não em função das crianças, mas do adulto que irá comprá-los. Daí porque muitos brinquedos despertam interesse inicial, como novidade, e são depois abandonados pelas crianças. Nesse quadro todo, além dos brinquedos artesanais tratados por P. Oliveira (1982), existem exceções. Trata-se dos brinquedos construídos com base em pesquisas científicas sobre o desenvolvimento infantil, que, entretanto, não são muitos.

PESQUISAS SOBRE OS JOGOS NO BRASIL: NICANOR MIRANDA, VERÍSSIMO DE MELO E OUTROS PESQUISADORES

Preocupados em preservar e registrar as expressões culturais próprias da idade infantil e fazê-las presentes no meio educacional, alguns pesquisadores empenharam-se em estudos sobre jogos, brinquedos e outras atividades desenvolvidas pelas crianças em algumas localidades brasileiras. Dois nomes destacam-se entre esses pesquisadores: Nicanor Miranda e Veríssimo de Melo. Com base no encaminhamento teórico de suas publicações sobre jogos, e em depoimentos colhidos diretamente dos citados autores através de entrevistas realizadas com Nicanor Miranda em 30 de julho de 1984, na cidade de São Paulo, e com Veríssimo de Melo em 11 de novembro de 1983, em Natal, Rio Grande do Norte, são sintetizados a seguir seus dados biográficos e os principais aspectos de seus trabalhos. Outros estudiosos dos jogos no Brasil e seus respectivos trabalhos são abordados em seguida.

Nicanor Miranda. Entre outras profissões, Nicanor Teixeira de Miranda exerceu as de escritor, jornalista e professor. Concluiu o bacharelado em Ciências Jurídicas pela Universidade de São Paulo e também se licenciou em Filosofia pela mesma Universidade.

Ocupou inúmeros cargos e funções ligados à Educação e Cultura, principalmente em São Paulo, podendo se destacar: Diretor do Departamento de Cultura da Prefeitura Municipal de São Paulo; Diretor do Departamento de Educação, Assistência e Recreio da Prefeitura de São Paulo; Coordenador da Comissão de Convênios Culturais e de Ensino da Prefeitura de São Paulo; e Presidente da Sociedade de Etnografia e Folclore de São Paulo.

Lecionou disciplinas diversas, principalmente ligadas à Filosofia, e foi colaborador de vários jornais e outras publicações: *O Estado de S. Paulo, Folha da Manhã* (São Paulo), *Revista Brasileira de Educação Física* etc.

Dentre as duas dezenas de obras publicadas, destaca-se seu livro *200 Jogos Infantis*, obra premiada pelo Ministério da Educação e conhecida nacionalmente.

A primeira edição dos *200 Jogos Infantis* foi publicada pela Livraria Globo, de Porto Alegre, em 1947. Um dos seus objetivos ao elaborar tal trabalho foi organizar um manual prático que pudesse auxiliar aos instrutores e professores que atuavam nos parques infantis, especialmente na cidade de São Paulo. Ao mesmo tempo, procurou investigar o grau de interesse que as crianças demonstravam pelo jogo livre e pelo jogo organizado.

Há, entre os duzentos jogos descritos, vinte compostos pelo próprio autor e outros que ele estilizou a partir de observações de campo. Uma outra quantidade de jogos foi colhida em fontes inglesas, francesas, alemãs e, em maior número, em fontes americanas. Entretanto, de particular interesse são os jogos que o autor classificou de "tradicionais no País". Para o levantamento desses jogos, Miranda (comunicação pessoal, 1984) efetuou registros de jogos praticados pelas crianças no Estado de São Paulo nas cidades de São Manuel, Campos do Jordão, Lindoia, Franca e na Capital, e ainda nas cidades mineiras de Poços de Caldas, Araxá, Caxambu, Cambuquira e Lambari. Dentre os jogos levantados, encontram-se: acusado, queimada ou barra-bola, barra-manteiga, estátuas de sal, lá vem o rato, o leão e a jaula, lenço-atrás, morto e vivo, passada de gigante, passagem da pedrinha e sela-corrente ou pular-carniça.

Miranda utilizou um esquema de descrição dos jogos em três etapas: a) preparação, b) evolução, e c) final. Essas etapas descrevem desde os recursos materiais que são necessários, até o momento final dos jogos. Elaborou também uma classificação dos jogos, segundo diferentes características: a) idade dos participantes, b) sexo, e uma categoria que denominou c) complementar. Essa última, subdividida em jogos para festa e demonstrações, jogos individuais, jogos para aulas de ginástica, jogos de revezamento e jogos de água. Observa-se que o autor, através de todas essas classificações, teve a preocupação de facilitar o acesso dos professores a cada um dos jogos. Não faltou, inclusive, um índice alfabético pelo nome dos jogos.

A análise detalhada dos *200 Jogos Infantis* permite concluir que uma das qualidades do trabalho, além da diversidade de jogos, é a clara forma de comunicação com o leitor que deseje aplicar qualquer um dos jogos descritos. Não há dificuldade para entender-se a dinâmica dos jogos apresentados.

Veríssimo de Melo. Natural da cidade de Natal, Rio Grande do Norte, Veríssimo de Melo formou-se em Direito em 1948, no Recife. Ainda jovem dedicou-se ao jornalismo e aos estudos do folclore. Interessado em cultura popular, guiou-se pelas orientações do grande pesquisador Câmara Cascudo. Foi Juiz Municipal em Natal e professor das cadeiras de Etnografia do Brasil, Antropologia Cultural e recentemente de Cultura Popular. É também um dos fundadores e o diretor do conceituado Museu Câmara Cascudo da Universidade Federal do Rio Grande do Norte. Além de ensaios e artigos publicados no Brasil e exterior,

Veríssimo de Melo escreveu mais de 70 títulos entre livros e separatas.

Iniciou seu registro de jogos populares infantis por volta de 1947, através da descrição daqueles que conhecia, auxiliado pelas informações das pessoas que o cercavam em Natal. Contou também com a colaboração dos associados do Clube do Folclore, entidade que criou com o objetivo de trocar correspondências sobre o assunto e que possuía membros em inúmeros países, como a Alemanha, Argentina, Espanha, E.U.A., França, Itália, Portugal, além do Brasil.

Concluída a coleta, organizou os jogos numa forma sistematizada para apresentação escrita. Publicou, entretanto, pela primeira vez seu estudo em 1956, sob o título de "Jogos Populares do Brasil", na revista *Douro-Litoral*, da cidade do Porto, em Portugal. O lançamento se deu naquele país, devido aos contatos que V. Melo mantinha com a família Pires de Lima, responsável pela edição da revista e atuante no Clube do Folclore.

Com algumas alterações no texto original, publicou novamente seu trabalho em 1981, pela Livraria Cátedra, em convênio com o Instituto Nacional do Livro, agora sob o título de "Jogos Populares" e integrando o volume *Folclore Infantil*, que reúne também os ensaios "Acalantos", "Parlendas", "Adivinhas", e "Cantigas de Roda".

Na publicação mais recente, numa tentativa de classificação, V. Melo resolveu agrupar os jogos populares nos seguintes títulos: a) fórmulas de escolha ou seleção; b) jogos gráficos; c) jogos de competição; d) jogos de sorte ou de salão; e e) jogos com música ou cantigas de roda.

Distribuiu os jogos por cada um dos títulos conforme descrição abaixo:

a) Fórmulas de escolha ou seleção. Preliminares de todos os jogos, usados para selecionar dirigentes e participantes, iniciar a competição etc. Exemplos: par-ou-ímpar, passar-pedrinha etc.

b) Jogos gráficos. Jogos que se distinguem dos demais pela presença de um desenho ou gráfico sobre o qual a atividade se realiza. Exemplos: amarelinha, caracol etc.

c) Jogos de competição. Caracterizam-se pela disputa,

pela competição entre crianças, visando demonstrar força, agilidade, destreza etc. Exemplos: boca-de-forno, cabra-cega etc.

d) Jogos de sorte ou de salão. Embora apareça neles o elemento competição, esta não se refere às qualidades físicas como força, agilidade etc., mas a elementos outros, tais como inteligência, sorte, humor etc. Exemplos: berlinda, jogo-do-anel etc.

e) Jogos com música ou cantigas de roda. Jogos geralmente realizados em roda – grupo de crianças dispostas em círculo e de mãos dadas –, seguindo determinadas cantigas. Segundo V. Melo (comunicação pessoal, 1983) esse tema foi por ele trabalhado em 1953, como objeto de um estudo específico que resultou numa monografia que denominou "Rondas Infantis Brasileiras".

Em cada um dos títulos descritos foram incluídos diversos jogos, alguns deles com variações de desenvolvimento localizadas pelo autor em diferentes cidades do Brasil e até no exterior, o que foi possível através da troca de correspondências com colaboradores. No levantamento realizado por V. Melo, foram incluídos os seguintes jogos populares: academia ou amarelinha, caracol, coelho-passa, galinha gorda, peia-quente, cobracega ou cabra-cega, boca-de-forno, capitão-de-campo-amarra-negro, o gato e o rato, jote e epostracismo ou comer-pão.

Outros pesquisadores. Em 1959, Ethel B. Medeiros elaborou uma importante obra que denominou *Jogos para Recreação Infantil*, publicada em 1961 pela Editora Fundo de Cultura. Com esse volume, Medeiros visou colaborar com os professores nas suas atividades docentes, descrevendo um conjunto de características do desenvolvimento infantil e uma coletânea de exercícios, brincadeiras e jogos. Nessa última categoria incluiu alguns jogos populares infantis. Seu trabalho, cuidadosamente elaborado, auxilia os professores a conhecerem melhor seus alunos da pré-escola e principalmente das primeiras quatro séries do 1º grau, além de apontar orientações importantes para a programação de atividades pelos profissionais.

Durante o governo João Goulart, o Ministério da Educação e Cultura editou, com fins pedagógicos, o livro *Jogos na Escola Primária*, organizado e redigido por Maria Elisa R. Campos, Ruth Gouvêa e Maria Augusta Álvares da Cunha. Na publicação, datada de 1962, constam inúmeras brincadeiras e jogos, entre os quais aqueles tradicionais mais conhecidos no Brasil.

Em publicação editada em 1977, Soffiati Neto relata seu estudo intitulado "O Jogo das Bolinhas" – denominadas pelas crianças como bolas de "gude", "búrica", "peteca" etc., nomes que variam de acordo com a área geográfica onde é praticado. São descritas oito modalidades de jogo, toda a dinâmica que envolve sua prática e até mesmo os termos usados pelas crianças de acordo com as situações de jogo.

A professora Aglaé Fontes de Alencar, da Universidade Federal de Sergipe, pesquisou brinquedos e brincadeiras do folclore naquele Estado. Seu estudo foi editado em 1981 sob o título de *Brinquedos e Brincadeiras do Folclore Sergipano.* A obra auxilia os educadores a refletirem sobre suas práticas, em função dos aspectos lúdicos que podem ser encontrados no folclore infantil e empregados nos programas escolares.

Da cidade de Novo Hamburgo, Rio Grande do Sul, surge em 1984 um trabalho denominado "O Folclore Infantil nas Atividades Físicas e Recreativas Pré-Escolares e Escolares", de autoria de Paulo Inocente R. Silva. Trata-se de um estudo abrangente que engloba, entre outras atividades, adivinhas, acalantos, músicas folclóricas infantis, brinquedos e determinados jogos levantados pelo autor na sua região. Silva (1984) comenta o valor do folclore infantil, se desenvolvido nas escolas, como parte das aulas de Educação Física e outras disciplinas.

Paulo S. Oliveira, na sua obra publicada em 1982 sob o título *Brinquedos Artesanais & Expressão Cultural*, descreve a pesquisa que empreendeu, na qual procurou localizar, identificar e analisar brinquedos artesanais, confeccionados por profissionais e no âmbito amador, na Grande São Paulo e em um conjunto de Estados brasileiros. No encaminhamento do seu trabalho, abordou pontos relacionados aos brinquedos, brincadeiras e jogos infantis.

Embora não trate especificamente de jogos infantis, é importante o registro da publicação *Brincando de Roda*, resultado de um detalhado levantamento e estudo de cantigas de roda, empreendido por Íris Costa Novaes. Valorizando e contribuindo para a preservação do folclore infantil, Novaes (1983) destina sua obra principalmente aos educadores que atuam com crianças de quatro a sete anos de idade. Para que tal objetivo pudesse ser alcançado, a autora descreveu letra, melodia e movimentação típicas de cada uma das cantigas de roda apresentadas.

UMA INVESTIGAÇÃO SOBRE OS JOGOS POPULARES NO ÂMBITO PSICOMOTOR E CULTURAL

Interessado pelos jogos populares e diante da possibilidade de apresentar um trabalho como requisito parcial à obtenção do título de Mestre na Universidade Federal do Rio de Janeiro, este autor empreendeu uma pesquisa voltada para o tema a ser publicada sob o título de "*Cabra-Cega* – 72 Jogos Populares Infantis para a Psicomotricidade e Educação Física".

Trata-se de uma pesquisa descritiva, com implicações pedagógicas e culturais, que abrangeu as cinco grandes regiões brasileiras (N, NE, SE, S e CO), incluindo 18 Estados, 1 Território e o Distrito Federal. Com os seus resultados, pretendeu-se possibilitar aplicações práticas dos jogos levantados.

Eis os objetivos definidos para a pesquisa:

1. Proceder a um levantamento dos jogos populares infantis praticados no Brasil e identificar as funções psicomotoras e qualidades físicas que são estimuladas durante a prática de cada jogo.

2. Elaborar um perfil representativo de cada uma das grandes regiões e Brasil, segundo o local de prática dos jogos populares infantis, periodicidade, número médio de participantes a cada rodada dos jogos, sexo e faixa etária das crianças que os praticam.

3. Identificar os níveis de estimulação de funções psicomotoras e qualidades físicas presentes numa amostra de jogos populares infantis e compará-los aos níveis recomendados por um painel de especialistas.

Trabalhou-se com as seguintes funções psicomotoras: esquema corporal, tônus da postura, dissociação de movimentos, coordenações globais (motricidade ampla), motricidade fina, organização espacial e temporal, ritmo, lateralidade, equilíbrio estático e dinâmico e relaxamento total e segmentar. E as qualidades ou valências físicas: velocidade de reação, de deslocamento e de membros; força dinâmica, estática e explosiva; agilidade; resistência aeróbica, anaeróbica e muscular localizada; e flexibilidade. As definições desses termos foram descritas anteriormente, no primeiro e segundo capítulos.

Numa breve síntese, são descritos abaixo os resultados alcançados.

Com relação ao *primeiro objetivo:*

Foi possível levantar um total de 72 jogos populares infantis e identificar as funções psicomotoras e qualidades físicas[5] que são geralmente estimuladas durante a prática de cada jogo. Alguns dos jogos levantados: amarelinha, barra-manteiga, barrilhe, batatinha frita, bete, boca-de-forno, boi (pião), bola ao ar, buraco, cabra-cega, caçador de tartarugas, cadê o grilo?, chicotinho-queimado, esconde-esconde, finca, garrafão, mamãe da rua, ordem, palha ou chumbo, pé-na-lata, ronda na cabaça etc.

Alexandre de Mello apresenta no livro *Cabra-Cega* 72 jogos populares que são descritos minuciosamente, com seus nomes regionais, indicação dos Estados onde foram localizados, o desenvolvimento de cada um deles (preparação, início, evolução e término), gráfico do jogo quando necessário, e as funções psicomotoras e qualidades físicas (principais e secundárias) que são geralmente estimuladas durante a prática. Esse conjunto de detalhes visou facilitar a aplicação dos jogos.

Com relação ao *segundo objetivo*:

O perfil dos jogos populares, no que se refere ao Brasil,[6] teve as características descritas a seguir:

---

5. Na prática dos jogos populares, várias outras características estão presentes. A *criatividade*, a rapidez de *raciocínio* diante das situações de jogo, a *socialização* entre as crianças e, na espontaneidade dos movimentos, as *dimensões simbólicas* são componentes do jogo popular infantil. Entretanto, por uma questão técnica e científica da pesquisa, foi necessário delimitar o estudo às funções psicomotoras e qualidades físicas, dados também, como foi visto anteriormente, de extrema importância.
O educador atento saberá, sem dúvida, considerar na aplicação e observação dos jogos outras dimensões e suas implicações no desenvolvimento infantil.

6. Tratando-se de uma síntese, só será apresentado o perfil referente ao Brasil. O perfil por região encontra-se na dissertação de mestrado do autor.

Local de realização: predomínio de pátios escolares (entretanto, à margem do processo formal de ensino, sendo os jogos geralmente tratados como marginais às escolas), seguidos de ruas e quintais, esses últimos devidos às cidades de menores concentrações populacionais abrangidas pela pesquisa.

Periodicidade dos jogos: a maioria dos jogos não são sazonais, embora alguns tenham suas temporadas em função de ventos (pipas), chuvas (finca) etc.

Número médio de participantes: é muito flexível, mas a maior incidência é de grupos de 6 a 10 e de 11 a 15 participantes.

Sexo dos participantes: embora haja alguns jogos praticados somente por meninos ou por meninas, a maioria deles são praticados por meninos e meninas, sem predominância marcante de sexo.

Faixa etária: a maior frequência está na faixa de 9 a 10 anos, seguida por 7 a 8, 11 a 12 e 4 a 6 anos. Mesmo assim, na última faixa encontram-se 39% da amostra estudada.

Com relação ao *terceiro objetivo*:

As funções psicomotoras e qualidades físicas estimuladas durante a prática dos jogos são exatamente aquelas cuja estimulação foi recomendada pelos especialistas que compuseram o painel. Ou seja: coordenações globais, ritmo, equilíbrio estático e dinâmico, agilidade etc.

Os jogos populares infantis raramente estimulam as funções psicomotoras e qualidades físicas recomendadas apenas para o final da infância pelos especialistas: força explosiva, força estática e resistência muscular localizada.

Conclusão:

Os resultados alcançados pela pesquisa, entre outros pontos, permitem concluir que os jogos populares infantis são adequados e muito importantes para o desenvolvimento harmonioso infantil. No campo da Psicomotricidade e da Educação Física, em função dos aspectos que se pretenda estimular nas crianças, os jogos tradicionais podem ser excelentes instrumentos a aplicar-se.

Paralelamente, com esse procedimento pode-se contribuir para a preservação de importante manifestação cultural brasileira: os jogos populares.

Glossário

Brincadeira – Tipo de atividade lúdica que inclui o jogo e ações não necessariamente competitivas, desenvolvidas individualmente ou em grupo, como por exemplo a ação de brincar com areia, as correrias nos pátios escolares etc.

Brincadeira de roda – Tipo de brincadeira, geralmente desenvolvida em círculo, em que as crianças, voltadas para o centro, seguram as mãos das colegas ao seu lado, e cantam as chamadas "cantigas de roda".

Brinquedo – Objeto empregado para brincar, podendo ser construído artesanalmente ou por indústrias especializadas.

Classes populares (termos usados na definição de jogos populares) – Estratos sociais que se constituem na maior parte da população, compreendendo desde as camadas situadas na base da escala social até as camadas consideradas como classes "médias" ou "médias baixas" (Lima,

1980, p. 16). Baseado em Pinto (1984), abrange a classe trabalhadora do campo e da cidade, com todas as frações que dela são parte, incluindo os desempregados e pequenos proprietários.

Educação Física – Arte e ciência do movimento humano que através de atividades específicas auxiliam o desenvolvimento integral dos seres humanos, renovando-os e transformando-os no sentido de sua autorrealização e em conformidade com a própria realização de uma sociedade mais justa e livre (Medina, 1983, p. 81).

Educação Física Escolar – Área da Educação Física desenvolvida nas escolas, sob orientações pedagógicas específicas, e que deve ser conduzida por profissionais habilitados.

Grandes regiões – Segundo o IBGE (1980), são regiões formadas por extensos blocos territoriais caracterizados pela dominância de certo número de traços comuns (físicos, humanos, econômicos e sociais), que as tornam bem distintas umas das outras.

Jogo – Atividade ou ocupação voluntária, onde o real e a fantasia se encontram, que possui características competitivas; ocorre num espaço físico e de tempo determinados, desenvolve-se sob regras aceitas pelo grupo de participantes, e são, em geral, a habilidade física, o desempenho intelectual diante das situações de jogo e, às vezes, a sorte os componentes responsáveis pela determinação dos seus resultados. Com frequência, sua prática se dá num clima de tensão e expectativa, principalmente face ao desconhecimento antecipado do resultado final. O prazer de vivenciar situações da atividade escolhida e, se possível, tornar-se vencedor é o mais importante elemento propulsor do interesse pela prática de um jogo.

Jogos motores – Tipo de jogos que exigem movimentos variados por parte dos participantes: deslocamentos, corridas, saltos etc.

Jogos populares infantis – Tipo de jogos praticados com maior frequência por crianças das classes populares, incluindo-se as camadas consideradas "classes médias baixas", e geralmente desenvolvidos em ruas, quintais, terrenos baldios e em pátios escolares. Possuindo cada um deles diferentes denominações e variações na sua evolução segundo a área geográfica onde é praticado, uma de suas características básicas mais importantes é a utilização de recursos materiais de fácil acesso, como pedaços de madeira, sobras industriais, peças mecânicas desgastadas, invólucros de produtos caseiros e industriais, e outras sucatas disponíveis. Na sua maioria, esses jogos são passados de geração a geração, e por isso são também denominados de "jogos tradicionais". São exemplos de jogos populares infantis: amarelinha, boca-de-forno, cabra-cega, chicotinho-queimado etc.

Referências Bibliográficas

ABERASTURY, Arminda. *A Criança e Seus Jogos*. Petrópolis, Vozes, 1972.

AJURIAGUERRA, J. *Manual de Psiquiatria Infantil*. São Paulo, Masson, 1983.

ALENCAR, Aglaé F. *Brinquedos e brincadeiras do folclore sergipano*. Aracaju, UFS/PROEX/CULTART/COCAR, 1981.

BARRETO, Célia S. Educação-Reeducação e Terapia Psicomotora. *Revista do Corpo e da Linguagem*, 1982, *1*, 13-17.

BOWERS, Louis. Toward a playground design: Principles of design for play centers for all children. *Journal of Physical Education and Recreation*, 1979, *8*, 51-54.

BRASIL, Ministério da Educação e Cultura. *Diretrizes de Implantação e Implementação da Educação Física na Educação Pré-Escolar e no Ensino de Primeira a Quarta Séries do Primeiro Grau*. Brasília, SEED, 1982.

CAMPOS, Maria Elisa R., GOUVÊA, Ruth & CUNHA, Maria Augusta A. *Jogos na Escola Primária.* São Paulo/Brasília, MEC, 1962.

CASCUDO, Luís da Câmara. *Dicionário do Folclore Brasileiro.* São Paulo, Melhoramentos, 1979.

CHAUÍ, Marilena. *O Nacional e o Popular na Cultura Brasileira.* São Paulo, Brasiliense, 1983.

COSTA, Vera Lúcia M. *Prática da Educação Física no 1º Grau: Modelo de Reprodução ou Perspectiva de Transformação?* São Paulo, IBRASA, 1984.

COSTALLAT, Dalila M. *Psicomotricidade: A Coordenação Visomotora e Dinâmica Manual da Criança Infradotada, Método de Avaliação e Exercitação Gradual Básica.* Porto Alegre, Globo, 1983.

COSTE, Jean-Claude. *A Psicomotricidade.* Rio de Janeiro, Zahar, 1981.

DEACON, O. E. Aspectos psicológicos y fisiológicos del deporte infantil. *Stadium*, 1978, *70* (12), 33-35.

DÉSOBEAU, Françoise. O corpo e o acesso à simbolização. In SBTP (org.), *Anais do 1º Congresso Brasileiro de Psicomotricidade.* Rio de Janeiro, SBTP, 1982.

FARIA JR., Alfredo G. *Didática de Educação Física: Formulação de Objetivos.* Rio de Janeiro, Interamericana, 1981.

FERNANDES, Florestan. *A investigação etnológica no Brasil e outros ensaios.* Petrópolis, Vozes, 1975.

______. *Folclore e Mudança Social na Cidade de São Paulo.* Petrópolis, Vozes, 1979.

FONSECA, Vítor. *Contributo para o Estudo da Gênese da Psicomotricidade.* Lisboa, Editorial Notícias, 1976.

______. *Psicomotricidade.* São Paulo, Martins Fontes, 1983.

FREUD, Anna. *Infância Normal e Patológica.* Rio de Janeiro, Zahar, 1971.

GESELL, Arnold & Cols. *El niño de 5 a 10 años.* Buenos Aires, *Paidós*, 1960.

______. *El niño de 1 a 5 años.* Buenos Aires, Paidós, 1963.

GUILLARME, Jean-Jacques. *Educação e Reeducação Psicomotoras.* Porto Alegre, Artes Médicas, 1983.

HOLANDA, Sérgio Buarque de. *Raízes do Brasil.* Rio de Janeiro, J. Olympio, 1979.

HOLLMANN, Wildor & HETTINGER, Theodor. *Medicina de Esporte*. São Paulo, Manole, 1983.

HUIZINGA, Johan. *Homo Ludens – O Jogo Como Elemento da Cultura*. São Paulo, Perspectiva, 1971.

INSTITUTO Brasileiro de Geografia e Estatística (IBGE). *Divisão Territorial do Brasil*. Rio de Janeiro, IBGE, 1980.

KAMII, Constance & DEVRIES, Rheta. *Group games in early education*. Washington, D.C., The National Association for the Education of Young Children, 1980.

LAPIERRE, André & AUCOUTURIER, B. *El cuerpo y el inconsciente en Educación y Terapia*. Barcelona, Científico-Médica, 1980.

LE BOULCH, Jean. *O Desenvolvimento Psicomotor: Do Nascimento aos 6 anos*. Porto Alegre, Artes Médicas, 1982.

______. *A Educação Pelo Movimento: A Psicocinética na Idade Escolar*. Porto Alegre, Artes Médicas, 1983 (a).

______. *Curso de Psicomotricidade*. Uberlândia, Universidade Federal de Uberlândia/SEED-MEC, 1983 (b).

LEIF, Joseph & BRUNELLE, Lucien. *O Jogo Pelo Jogo*. Rio de Janeiro, Zahar, 1978.

LIMA, Sandra A. Barbosa. *Participação Social no Cotidiano*. São Paulo, Cortez, 1980.

LIPSITT, Lewis P. & REESE, Hayne W. *Psicologia do Desenvolvimento da Criança*. Rio de Janeiro, Interamericana, 1980.

LÓPEZ, Rafael E. *Introdução à Psicologia Evolutiva de Jean Piaget*. São Paulo, Cultrix, 1974.

LOUREIRO, Maria Beatriz S. *Introdução à Psicomotricidade* (Apostila). Simpósio de Atividade Física, Rio de Janeiro, 1983.

______. Comunicação pessoal, 23 de maio, 1984.

MAKARENKO, Anton S. *Conferências Sobre Educação Infantil*. São Paulo, Moraes, 1981.

MANNONI, H. *A Criança, Sua "Doença" e os Outros*. Rio de Janeiro, Zahar, 1983.

MARINHO, Inezil Penna. *Jogos – Principais Teorias*. Rio de Janeiro, MEC, 1945.

MATSUDO, Victor K. R. A corrida de longa distância na infância e adolescência. In Manoel J. G. Tubino, Vera Lúcia C. Ferreira e José M. Capinussú (organizadores). *Homo Sportivus.* Rio de Janeiro, Palestra, 1984.

MEDEIROS, Ethel B. *Jogos Para Recreação Infantil.* Rio de Janeiro, Fundo de Cultura, 1961.

MEDINA, João Paulo S. *A Educação Física Cuida do Corpo e "Mente": Bases Para a Renovação e Transformação da Educação Física.* Campinas, Papirus, 1983.

MEINEL, Kurt & SCHNABEL, Günter. *Motricidade* (Vols. 1 e 2). Rio de Janeiro, Ao Livro Técnico, 1984.

MELLO, Alexandre Moraes de. *Jogos Populares Infantis Como Recurso Pedagógico da Educação Física Escolar de 1º Grau no Brasil.* (Dissertação de Mestrado.) Rio de Janeiro, Escola de Educação Física e Desportos, Universidade Federal do Rio de Janeiro, 1985.

MELO, Veríssimo. *Folclore Infantil.* Rio de Janeiro, Cátedra/INL, 1981.

______. Comunicação pessoal, 11 de novembro, 1983.

MIRANDA, Nicanor. *200 Jogos Infantis.* Belo Horizonte, Itatiaia, 1983.

______. Comunicação pessoal, 30 de julho, 1984.

MORIZOT, Regina. Aspecto fonoaudiológico. *Jornal Brasileiro de Reabilitação Vocal,* 1979, *2*(1), 15-18.

______. A identidade do terapeuta em Psicomotricidade. In SBTP (org.). *Anais do 1º Congresso Brasileiro de Psicomotricidade.* Rio de Janeiro, SBTP, 1982.

MUNIZ, Paulo César. A propósito de Terapia psicomotora. *Jornal Brasileiro de Reabilitação Vocal,* 1979, *2*, 11-14.

NEGRÃO, Carlos Eduardo. Os minicampeões. *Cadernos de Pesquisa* (Fundação Carlos Chagas), 1980, *34*, 29-33.

NEGRINE, Airton. *O Ensino da Educação Física.* Porto Alegre, Globo, 1983.

NETO, Carlos. A criança, o espaço e o desenvolvimento motor. *Ludens*, 1979, *3*(2/3), 34-44.

NETO, Soffiati. *O jogo das bolinhas* (Cadernos de Folclore – 21). Rio de Janeiro, MEC/DAC/FUNARTE, 1977.

NOVAES, Íris C. *Brincando de Roda.* Rio de Janeiro, Agir, 1983.

OLIVEIRA, Paulo S. *Brinquedos Artesanais & Expressividade Cultural.* São Paulo, SESC, 1982.

OLIVEIRA, Vítor Marinho. *O que é Educação Física?* São Paulo, Brasiliense, 1983.

PIAGET, Jean. *A Formação do Símbolo na Criança: Imitação, Jogo e Sonho, Imagem e Representação.* Rio de Janeiro, Zahar/INL, 1975.

______. *A Epistemologia Genética/Sabedoria e Ilusões da Filosofia/Problemas de Psicologia Genética.* São Paulo, Abril Cultural, 1983.

PINSKY, Mirna. Pensando o brinquedo. *Cadernos de Pesquisa* (Fundação Carlos Chagas), 1979, *31*, 49-56.

PINTO, João B. Guedes. Reflexão sobre o Estado e a prática da educação popular. In Vanilda Paiva (organizadora). *Perspectivas e Dilemas da Educação Popular.* Rio de Janeiro, Graal, 1984.

SABÓIA, Beatriz. Comunicação pessoal, 28 de novembro, 1984.

SÉRGIO, Manuel. *Desporto em Democracia.* Lisboa, Seara Nova, 1976.

______. *Manifesto para um desporto do futuro* (Apostila). Congresso Brasileiro de Ciências do Esporte, Guarulhos, 1983.

SEYBOLD, Annemarie. *Educação Física: Princípios Pedagógicos.* Rio de Janeiro, Ao Livro Técnico, 1982.

SILVA, Paulo Inocente R. *O Folclore Infantil nas Atividades Físicas e Recreativas Pré-Escolares e Escolares.* Novo Hamburgo, Autor, 1984.

SLIPOI, Helena Krause L. A Psicomotricidade integrada à pedagogia do pré-escolar. In SBTP (org.). *Anais do 1º Congresso Brasileiro de Psicomotricidade.* Rio de Janeiro, SBTP, 1982.

TEIXEIRA, Hudson V. & PINI, Mário C. *Aulas de Educação Física: 1º Grau.* São Paulo, IBRASA, 1978.

TUBINO, Manoel J. Gomes. *Metodologia Científica do Treinamento Desportivo.* São Paulo, IBRASA, 1979.

UNESCO. *L'enfant et le jeu: Approches théoriques et applications pédagogiques.* Paris, ONU, 1979.

WALLON, Henri. *Psicologia e Educação da Criança.* Lisboa, Vega/Universidade, 1979.

WINNICOTT, D. W. *O Brincar e a Realidade.* Rio de Janeiro, Imago, 1975 (a).

. *A Criança e o Seu Mundo.* Rio de Janeiro, Zahar, 1975

BIBLIOTECA "DIDÁTICA"

Volumes Publicados:

1. *Contabilidade de Custos* — Lawrensce e Ruswinckel
2. *Curso de Secretariado Moderno (Datilografia, Taquigrafia, Caligrafia)* — Luiza Chaibud
3. *Curso de Secretariado Moderno (Comunicação e Correspondência)* — Luiza Chaibub
4. *Física – 2º Grau – dos Experimentos à Teoria* — Darcio P. Santos
5. *Aulas de Educação Física – 1º Grau* — Hudson V. Teixeira e M. C. Pine
6. *Matemática 1º Grau – 5ª Série* — Carlos Cattony
7. *Matemática 1º Grau – 6ª Série* — Carlos Cattony
8. *Matemática 1º Grau – 7ª Série* — Carlos Cattony
9. *Matemática 1º Grau – 8ª Série* — Carlos Cattony
10. *Test Your English* — J. M. Gonçalves
11. *A Arte de Estudar* — V. Murça Viotto
12. *Saúde na Escola – 1º Grau (liv. Professor)* — Ruth Sandoval Marcondes e outros
13. *Saúde na Escola – 1º Grau (Manual do Professor)* — Ruth S. Marcondes e outros
14. *Metodologia Científica no Treinamento Desportivo* — M. J. Gomes Tubino
15. *As Qualidades Físicas na Educação Física e Desportos* — M. J. Gomes Tubino
16. Teoria Organizacional da Educação Física e Desportos — J. M. Capinussú
17. *Planejamento e Avaliação do Ensino* — P. D. Lafourcade
18. *Em Busca de uma Tec. Educ. para Escolas de Educ. Física* — M. J. Gomes Tubino
19. *O Sentido da Arte* — Herbert Read
20. *Os Exercícios Físicos na História e na Arte* — Jayr Jordão Ramos
21. *Ginástica Rítmica Desportiva* — Ester de A. Vieira
22. *O Cidadão e o Civismo* — Vários
23. *Curso Avançado de Psiquiatria* — Darcy de M. Uchôa
24. *Educação Nutricional* — Denise Giacomo Motta e Maria F. F. Boog
25. *Curso de Secretariado Moderno (Prática Comercial e Bancária)* — Luiza Chaibub
26. *Jornalismo – Dicionário Enciclopédico* — J. Nabantino Ramos
27. *Jornal – História e Técnica* — Juarez Bahia
28. *Terminologia Aplicada à Educação Física* — M. J. Gomes Tubino
29. *Planejamento Macro em Educação Física* — J. M. Capinussú
30. *Prática da Educação Física no 1º Grau: Modelo de Reprodução ou Perspectiva de Transformação?* — Vera Lúcia M. Costa
31. *Esporte Para Todos: Um Discurso Ideológico* — Kátia Brandão Cavalcanti
32. *Comunicação e Expressão* — Heraldo M. Vianna
33. *Competições Desportivas – Organização e Esquemas* — J. M. Capinussú
34. *Teoria Geral do Esporte* — M. J. Gomes Tubino